中国建筑节能政策体系及演进研究

曾 理 著

中国建筑工业出版社

图书在版编目（CIP）数据

中国建筑节能政策体系及演进研究/曾理著. —北京：中国建筑工业出版社，2024.1
ISBN 978-7-112-29563-0

I.①中… Ⅱ.①曾… Ⅲ.①建筑—节能—能源政策—研究—中国 Ⅳ.①F426.9

中国国家版本馆CIP数据核字（2023）第253126号

本书共分4章。第1章由捍卫能源安全、落实"双碳"目标及推进生态文明建设来谈施行建筑节能政策的现实意义，再从建筑节能的定义与概念谈建筑节能政策的内涵。第2章从法律、行政法规、部门规章、地方性法规、相关标准及其他规范性文件，来描绘建筑节能政策体系图景。第3章从建筑节能政策发展的阶段划分与标准变迁，来解读建筑节能政策的演进。第4章通过知识图谱梳理，总结面向"双碳"领域的建筑相关研究进展及最新政策动态，提出面向"双碳"目标的建筑节能政策发展建议。

本书既可供高校学生、建筑工程设计人员、建筑节能政策研究人员学习参考使用，也可作为建筑节能监管部门的工作参考用书。

责任编辑：吴宇江　陈夕涛
责任校对：王　烨

中国建筑节能政策体系及演进研究
曾　理　著

*

中国建筑工业出版社出版、发行（北京海淀三里河路9号）
各地新华书店、建筑书店经销
北京点击世代文化传媒有限公司制版
建工社（河北）印刷有限公司印刷

*

开本：880毫米×1230毫米　1/32　印张：5½　字数：153千字
2024年1月第一版　2024年1月第一次印刷
定价：**48.00** 元
ISBN 978-7-112-29563-0
（41939）

版权所有　翻印必究
如有内容及印装质量问题，请联系本社读者服务中心退换
电话：（010）58337283　　QQ：2885381756
（地址：北京海淀三里河路9号中国建筑工业出版社604室　邮政编码：100037）

前　言

自 20 世纪中后期以来，建筑节能一直是一个持续保持着热度的词。从微观层面看，建筑节能的含义可以很小，小到仅仅是水电费单据上的那几个数字。从宏观层面看，建筑节能的含义也可以是很大的，大到建筑节能产业发展、就业人群规模变迁乃至城乡人居环境提升与全球气候变化。

随着我国建筑节能标准从北向南，从东向西逐步实现全气候区全地域覆盖，建筑节能政策在建筑领域节能减排与提高人居环境品质上发挥着越来越重要的作用。它通过改变预期从而激励、引导科研机构、高校、建筑材料生产商的行为，通过改变建筑能耗要求从而促使建筑节能实施标准的更新、迭代，通过划分建筑节能落实与监督的责任主体从而确保建筑终端用户的权益。也正是由于建筑节能政策的有效运作，建筑节能工作才能维持有效和稳定的发展局面。

另外，困扰建筑节能工作发展的宏观大局与微观基层协同的问题始终在产生影响。倘若不能处理好宏观微观问题，则容易走向工作内耗或者本本主义。倘若不能处理好宏观微观问题，建筑领域的降耗减排将会拖累国家实现"双碳"目标的步伐。倘若不能处理好宏观微观问题，建筑节能工作会深陷危机，推动建筑行业高质量发展会成为一句空谈。

如今重新回看三十多年前的我国首部建筑节能标准，依然不会感到多大的陌生感，因为标准的生长轨迹并未发生变化，而且还随着产业升级，从单一的针对建筑能耗的节流，变成了建筑可再生能源利用一体化构建的开源节流新布局。学界的研究也从大量舶来品的介绍，到舶来品的组装，再到大规模的本地化研究，建筑项目与能耗实效接轨，建筑节能已不再是外部因素，已然成为我国生态文明建设的一块基石。

在当下，已迎来碳达峰目标的冲刺阶段，建筑节能工作还有很多方面需要进一步跟进。一是建筑节能材料的进一步提升，也需要更多基础工业与基础研究上的突破。二是建筑节能管理的智慧化转型，也有赖于云计算、大数据、物联网等新技术的融合。三是保持建筑节能实践，还需坚持以实践引导建筑节能变革，通过解决建筑节能实践问题，让建筑节能工作实践成为前两点的试金石与发展新动能。

正是基于上述考虑，本书从捍卫建筑节能的能源安全、落实"双碳"目标、推进生态文明建设三方面的现实意义出发，探讨了建筑节能与建筑节能政策的概念，分析了建筑节能政策的构成，追溯了建筑节能政策的演进与相关研究变迁，展望了建筑节能政策面向"双碳"目标所应对的挑战。

由于能力与眼界所限，本书的不足与纰漏之处敬请前辈与同仁批评指正。

目　录

前言 ·· III

第1章　建筑节能政策概述 ·· 001
 1.1　建筑节能政策的意义 ·· 001
  1.1.1　捍卫能源安全 ·· 001
  1.1.2　落实"双碳"目标 ·· 006
  1.1.3　推进生态文明建设 ·· 008
 1.2　建筑节能政策的含义 ·· 009
  1.2.1　政策与公共政策 ·· 009
  1.2.2　建筑能耗与节能 ·· 013
  1.2.3　绿色建筑与建筑节能 ·· 015
  1.2.4　建筑节能政策的含义 ·· 017
 1.3　小结 ··· 022

第2章　建筑节能政策体系 ·· 024
 2.1　相关法律法规 ··· 027
  2.1.1　法律 ·· 027
  2.1.2　行政法规 ·· 029
  2.1.3　部门规章 ·· 031
  2.1.4　地方性法规 ·· 033
 2.2　相关规范性文件 ··· 034
  2.2.1　相关标准 ·· 035
  2.2.2　其他规范性文件 ·· 039
 2.3　小结 ··· 052

第 3 章 建筑节能政策的演进 ·············· 055
　3.1 阶段划分 ························· 055
　　3.1.1 萌芽期 ···················· 056
　　3.1.2 成长期 ···················· 056
　　3.1.3 成熟期 ···················· 058
　　3.1.4 全面推进期 ················ 060
　　3.1.5 补充 ······················ 061
　3.2 标准变迁 ························· 064
　　3.2.1 基础支撑的变迁 ············ 064
　　3.2.2 节能率目标的变迁 ·········· 068
　　3.2.3 拓展和优化 ················ 074
　3.3 小结 ···························· 086

第 4 章 面向"双碳"的建筑节能政策 ······ 088
　4.1 面向"双碳"领域的建筑相关研究进展 ······ 091
　　4.1.1 分析方法与工具 ············ 091
　　4.1.2 数据来源与分类 ············ 092
　　4.1.3 研究过程热点分析 ·········· 093
　4.2 面向"双碳"的建筑政策动态 ········ 108
　4.3 小结 ···························· 111

附录 1：建筑节能与绿色建筑标准一览 ········· 113
附录 2：第 2 章表格内政策文件出处一览 ······ 125
附录 3：插图一览 ··························· 144
附录 4：表格一览 ··························· 146
参考文献 ································· 148
后　记 ··································· 168

第1章 建筑节能政策概述

1.1 建筑节能政策的意义

1.1.1 捍卫能源安全

2022年2月底以来的俄乌冲突，在搅动世界局势之时，也迅速地拉高了全球的能源价格，统计数据表明汽油与煤炭价格再次逡巡于历史高位（图1-1、图1-2）。这一切仿佛就像1973年第四次中东战争、1979年伊朗政变、2003年伊拉克战争所诱发能源危机的又一次重演。一方面是经济快速增长导致的能源消费国的内在需求激增，与此同时又因为消费国自身能源供给无法满足国内市场需求，导致进口需求激增；另一方面是替代能源与新能源未能有效弥补传统消费能源的供给缺口，以至于在能源危机时出现恐慌性的采购；两方面因素叠加之下，能源产品价格被一次次拉上了历史高位。

我国进入21世纪后，经济发展迅猛。从2003年到2021年，伴随着人均国内生产总值由10666元暴涨到80976元，全年能源消费总量也从16.78亿吨标准煤激增到了52.4亿吨标准煤（图1-3），增量达到212.28%。能源安全问题逐渐暴露。

1. 主要传统能源供给增长乏力，进口依赖性逐年上升

我国虽然是煤炭大国，储量与产量均在全球处于举足轻重的地位，但煤的进口量并未因此变少，反而在近十年有了显著的增长（图1-4）。另外，我国石油终端消费量从2000年的19950.1万吨提升到了2019年的61018.5万吨，增量达到205.86%；其中，石油进口量由9748.5万吨提升到了58102.2万吨，增量达到496.01%；石油终端消费量的进口依存度由不足50%上升到了95.22%（图1-5）。国内

石油产量供给不足的情况仍然严峻,对石油进口依赖程度加深的情况并未逆转。

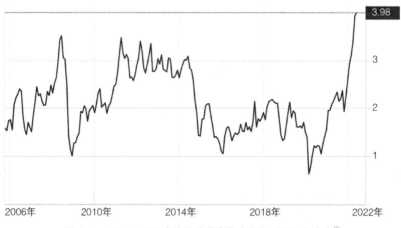

图1-1 2006~2022年汽油价格变化(单位:美元/加仑)①

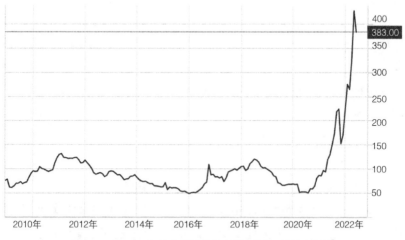

图1-2 2010~2022年煤炭价格变化(单位:美元/吨)②

① 数据来自TRADING ECONOMICS[EB/OL].(2022-06-15)[2022-06-15].https://tradingeconomics.com/.
② 数据来自TRADING ECONOMICS [EB/OL].(2022-06-15)[2022-06-15].https://tradingeconomics.com/.

第 1 章 建筑节能政策概述

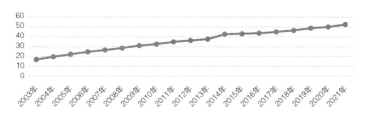

图 1-3 我国 2003~2021 年全年能源消费总量[①]（单位：亿吨标准煤）

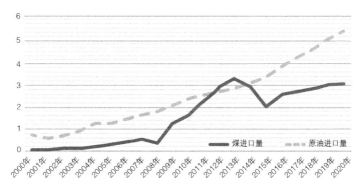

图 1-4 我国 2000~2020 年全年煤与石油进口量（单位：亿吨）

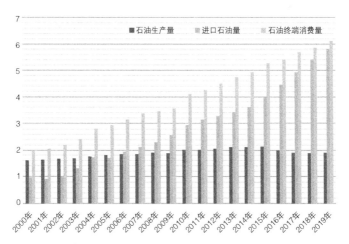

图 1-5 我国 2000~2019 年全年石油终端消费量（单位：亿吨）

---

① 国家统计局. 年度统计公报 [EB/OL].（2022-02-28）[2022-06-10].http://www.stats.gov.cn/sj/tjgb/ndtjgb/.

2. 新能源供给增量有限，未形成大规模替代应用

长期以来，煤炭这种传统高排放能源一直占据我国能源消费的主导地位，在2009年《哥本哈根协议》签署后煤炭消费量已呈逐年加速下降态势，但截至2021年煤炭消费量仍然占我国能源消费总量的56.0%。天然气、水电、核电、风电等清洁能源消费占比自2014年来虽呈逐年上升态势，2021年达到占能源消费总量的25.5%[①]，但仍与煤炭消费占比存在一定差距（图1-6、图1-7）。

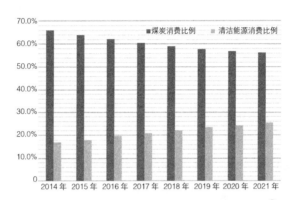

图1-6 我国2014～2021年煤炭与清洁能源消费比例[②]

图1-7 我国1990～2019年按来源分类的总能源供应（单位：万亿焦耳）[③]

---

① 国家统计局.中华人民共和国2021年国民经济和社会发展统计公报[EB/OL]（2022-02-28）[2022-10-08].http://www.stats.gov.cn/xxgk/sjfb/zxfb2020/202202/t20220228_1827971.html.
② 国家统计局.年度统计公报[EB/OL].（2022-02-28）[2022-06-10].http://www.stats.gov.cn/sj/tjgb/ndtjgb/.
③ 国际能源署.中国1990-2019年按来源分类的总能源供应[EB/OL].（2022-10-10）[2022-10-10]. https：//www.iea.org/countries/china.

根据图 1-8 数据可知，在我国经济增长的同时，能源消费需求也在不断扩大，能源消费需求与能源供给的矛盾依旧突出。煤与石油的消费量中，已有相当比例由进口产品供给，特别是石油，不仅进口量远超终端消费量，而且"能源国际定价权严重缺失"[①]，这都对我国的能源安全造成了挑战。与此同时，我国住宅与商业对应的建筑物运行能耗占比一直不容小觑，仅住宅的建筑物运行能耗就由 1990 年的 3.38 万亿千瓦时上升到 2019 年的 4.07 万亿千瓦时（按图 1-8 数据折算）。与其他能源消耗大国相比我国人口众多，如果我国城市人均建筑能耗达到美国 50% 的水平，那么我国建筑能耗将超过目前全国的总能源供应量[②]。所以早在 2004 年，《节能中长期专项规划》就已将"建筑、商用和民用"列为节能的三大重点领域之一[③]。要想如粮食安全一样，把能源的饭碗端稳在自己手里，建筑既是能源消费端，也是潜在能源供给侧，还是需要在节能方面继续下狠功夫。

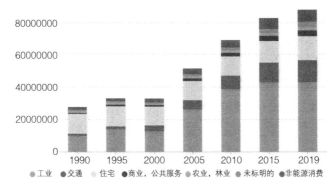

图 1-8 我国 1990～2019 年各部门的能源总消费情况（单位：万亿焦耳）[④]

---

① 曹立. 确保初级产品供给安全 [J]. 红旗文稿，2022（14）：24-26.
② 王科荀，姚海清，赵树旺，等. 地埋管换热器传热模拟与优化研究进展 [J]. 区域供热，2022(5)：92-105.
③ 国家发展改革委员会. 国家发展改革委关于印发节能中长期专项规划的通知 .[EB/OL].（2004-05-01）[2022-10-25].https://www.ndrc.gov.cn/fggz/fzzlgh/gjjzxgh/200709/P020191104622965959182.pdf.
④ 国际能源署. 中国 1990-2019 年各部门的能源总消费情况 [EB/OL].（2022-10-10）[2022-10-10]. https://www.iea.org/countries/china.

1.1.2 落实"双碳"目标

党的十八大后,我国发展理念发生根本性变化,环境保护不再被视为经济发展的负担,而被视为高质量发展的驱动力①,同时以前所未有的力度抓生态文明建设。2020年12月16日至18日,中央经济工作会议首提碳达峰、碳中和工作,要求加快建设全国碳排放权交易市场。2021年3月15日,习近平总书记在中央财经委员会第九次会议上强调,实现碳达峰、碳中和是一场广泛而深刻的经济社会系统性变革,要把碳达峰、碳中和纳入生态文明建设整体布局,拿出抓铁有痕的劲头,如期实现2030年前碳达峰、2060年前碳中和的目标②。"碳达峰和碳中和"目标是基于统筹国内国际两个大局的战略考量,基于科学论证的国家战略需求提出的,实现这一目标挑战和机遇并存③。

发达国家处于全球气候治理的领导者角色,为巩固强化自己权力体系和领导力,发达国家在把高碳排放产业大多转移到国外后,把本国"碳中和"或"净零排放"目标当作气候道德大旗,试图以构建气候行动同盟的形式,"把大量减排义务转嫁给发展中国家,压缩发展中国家的排放空间和期限,影响他国减排行动进程,从而遏制发展中国家的经济社会发展"④。以欧盟力推的到2050年的全球减排50%的目标和发达国家减排80%的目标为例,本质上就是"对中国等发展中大国未来碳排放空间和发展空间的限制"⑤。"发达国家和

---

① 张永生,巢清尘,陈迎,等.中国碳中和:引领全球气候治理和绿色转型[J].国际经济评论,2021(3):9-26,4.
② 新华网.习近平主持召开中央财经委员会第九次会议强调 推动平台经济规范健康持续发展 把碳达峰碳中和纳入生态文明建设整体布局[EB/OL].(2021-03-15)[2022-10-08].http://www.xinhuanet.com/politics/leaders/2021-03/15/c_1127214324.htm.
③ 巢清尘."碳达峰和碳中和"的科学内涵及我国的政策措施[J].环境与可持续发展,2021,46(2):14-19.
④ 郭新政.国际人权法视角下碳排放权问题与解决[J].西南政法大学学报,2022,24(2):32-44.
⑤ 薄燕,陈志敏.全球气候变化治理中欧盟领导能力的弱化[J].国际问题研究,2011(1):37-44,4.

发展中国家在气候变化责任分担方面存在双重标准,发达国家一方面享受全球化分工所带来的发展红利,另一方面却又要求世界各国应该通过全球低碳增长的方式来分担应对气候变化所产生的成本"①,这种要求既忽视了发达国家的先发优势,也忽视了发达国家自工业革命以来长期无限制的碳排放,更是在碳减排问题上对发展中国家的道德绑架,对发展正义的践踏。

在这个"围绕碳中和的博弈和竞争将更加激烈"②的背景下,一方面,中国作为发展中大国和碳排放大国(图1-9),主动积极"参与并引导全球碳市场的制度构建以保障并促进全球气候公平,掌握气候全球治理的话语权"③,维护广大发展中国家的发展正义,有着非同一般的意义;另一方面,"碳中和导向下地缘能源安全格局表明,去碳是国际大势"④,抓住碳中和这个能源转型的重大窗口期,推动新旧产业更迭,通过再生能源等技术迭代和规模经济护航能源平稳转型,将使能源安全新格局得以顺利重塑,最终确保"中国经济增长和技术进步的速度、质量保持优势"⑤。

2022年1月,住房和城乡建设部在印发的《"十四五"建筑业发展规划》中提到基本原则上要"对标'十四五'时期经济社会发展目标和2035年远景目标,落实碳达峰、碳中和目标任务","减少材料和能源消耗,降低建造过程碳排放量,实现更高质量、更有效率、更加公平、更可持续的发展"⑥。这意味着不仅与建筑运行能耗相关的碳排放将在节能政策实施与零碳电力比例提升等多重作用下持续降

---

① 翟石磊. 发展正义视角下的中美碳排放话语对比研究 [J]. 中国石油大学学报(社会科学版), 2022, 38(2): 40-46.
② 张海滨. 关于全球气候治理若干问题的思考 [J]. 华中科技大学学报(社会科学版), 2022, 36(5): 31-38.
③ 王云鹏. 论《巴黎协定》下碳交易的全球协同 [J]. 国际法研究, 2022(3): 91-109.
④ 潘家华, 孙天弘. 关于碳中和的几个基本问题的分析与思考 [J]. 中国地质大学学报(社会科学版), 2022, 22(5): 45-59.
⑤ 张平. 中国经济绿色转型的路径、结构与治理 [J]. 社会科学战线, 2022(8): 69-81, 281.
⑥ 住房和城乡建设部. 住房和城乡建设部关于印发"十四五"建筑业发展规划的通知 [EB/OL]. (2022-01-19) [2022-10-11]. http://www.gov.cn/zhengce/zhengceku/2022-01/27/content_5670687.htm.

低,而且接近我国碳排放总量 1/3 的建筑业建造相关碳排放[①]也将在政策调控下持续下降,建筑业将构建由增"量"转提"质"的内涵集约式的高质量发展新模式。在新发展理念贯彻下,夯实绿色低碳发展的建筑业新发展格局。

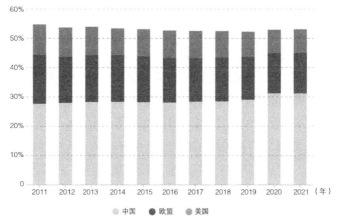

图 1-9　中美欧基于能源的二氧化碳排放全球占比情况[②]

1.1.3　推进生态文明建设

生态环境是人类生存最为基础的条件,跨越工业文明进入生态文明是人类发展的新阶段,也是我国持续发展最为重要的基础。党的十八大以来,以习近平总书记为核心的党中央以前所未有的力度推进生态文明建设。作为"实现中国梦的时代抉择","低碳发展是生态文明理念的基本内涵,也是实现生态文明的主要途径"[③],生态文明建设体现了人民对美好生活的追求,也体现了人类永续发展的要

---

① 清华大学建筑节能研究中心. 中国建筑节能年度发展研究报告 2022 公共建筑专题 [M]. 北京: 中国建筑工业出版社, 2022.
② BP.Statistical review of world energy 2022[EB/OL].(2022-06) [2022-10-10].https://www.bp.com/content/dam/bp/business-sites/en/global/corporate/pdfs/energy-economics/statistical-review/bp-stats-review-2022-full-report.pdf.
③ 李正希, 靳国良. 低碳生态观: 低碳发展与生态文明的中国梦 [M]. 北京: 中国经济出版社, 2015.

求。习近平总书记指出:"走向生态文明新时代,建设美丽中国,是实现中华民族伟大复兴的中国梦的重要内容。"

建设生态文明的重点是从源头控制和减少能源资源消耗和污染排放,换句话说就是将可持续发展提升到绿色发展的高度,正面应对经济发展与生态环境直接的矛盾。正如习近平总书记在巴黎气候变化大会开幕式上所说的"中华文明历来强调天人合一、尊重自然",把生态文明建设放在社会价值目标的突出地位,是建设美丽中国,建设中国特色社会主义事业的重要一环,更是实现中华民族永续发展的重要基石。

坚持生态优先,绿色发展,就要强化政策支持。推进和深化建筑节能政策是在建筑领域落实生态文明建设,践行可持续发展的内在要求,是从建筑行业出发推动绿色发展理念的重要举措。建筑与能源、工业、交通三大排放领域的区别在于,建筑可以说是个纯粹的能源消费端,但也可以在日新月异的技术与设施设备加持下成为兼顾能源供给能力与能源消费的低能耗低碳排放领域,甚至于在一些特定条件下成为零能耗零碳排放的特殊的社会机能模块。这三十多年的实践表明,建筑节能政策事关建筑行业高质量发展,为城乡建设的可持续发展提供有力支撑,在生态文明建设这个宏伟目标面前,建筑节能政策需要加大力度,不断增加建筑节能应用技术供给、完善配套机制、强化政策执行,遵循中央财经委员会第九次会议精神"提升节能标准","把节约能源资源放在首位,实行全面节约战略"[①]。

1.2 建筑节能政策的含义

1.2.1 政策与公共政策

在古代中国,各类典籍就已经对"政"与"策"的概念做了很

---

① 新华网.习近平主持召开中央财经委员会第九次会议强调 推动平台经济规范健康持续发展 把碳达峰碳中和纳入生态文明建设整体布局[EB/OL].(2021-03-15)[2022-10-08].http://www.xinhuanet.com/politics/leaders/2021/03/15/c_1127214324.htm.

清晰的表述。"政"字在周代初期写作"正",在周代中期以后才大量使用"政"字①。孔子在《论语·颜渊篇》中回答季康子提问时,回答的也是"政者,正也"②。"政"字本义为"使不正为正",即"匡正,使正确"的意思③。后引申为治理(国事)、政治、政事、政权、政策、法令、规则、职责、家庭或集体的事务④。"策"字本义是指竹子做的马鞭。段玉裁在《说文》中给"策"字作的注释为"又计谋曰筹策者,策犹筹,筹犹筭,筭所以计历数。谋而得之,犹用筭而得之也。故曰筹、曰筭、曰策,一也。"故"策"字又引申为谋略、谋划⑤。

外国的一众学者也在各自专著中对"政策"和"公共政策"的概念进行了定义。1964年,穆雷·埃德尔曼(Murray Edelman)提出公共政策就是"一个政府选择要做的任何事,或者它选择不去做的任何事"⑥。詹姆斯·E·安德森(James E.Anderson)认为政策就是"一个有目的的活动过程,而这些活动是由一个或一批行为者,为处理某一问题或有关事务而采取的"⑦(本定义在谢明译本中的政策定义描述为"一个或一组行动者为解决一个问题或相关事务所采取的相对稳定的、有目的的一系列行动"⑧)。托马斯·R·戴伊(Thomas.R.Dye)在其著作《理解公共政策》中就政策与公共政策的定义进行了讨论。他将大卫·伊斯顿(David Easton)在 1953 年的观点"公共政策为'整个社会价值的权威分配'"⑨、卡尔·弗里德里克(Carl Friedrick)在 1963 年的观点"对于政策概念来说,有一个目标、意图和愿景是至关重要的"⑩、哈罗德·拉斯韦尔(Harold Lasswell)和

---

① 高景成.常用字字源字典[M].北京:语文出版社,2008.
② (春秋)孔子.论语[M].杨伯峻,杨逢彬注译;杨柳岸导读.长沙:岳麓书社,2018.
③ 高景成.常用字字源字典[M].北京:语文出版社,2008.
④ 胡培俊.常用字字源字典 常用字源流探析[M].武汉:崇文书局,2012.
⑤ 同上.
⑥ Murray Edelman.The Symbolic Uses of Politics[M].Urbana:University of Illinois Press,1964.
⑦ (美)詹姆斯·E.安德森.公共决策[M].唐亮,译.北京:华夏出版社,1990.
⑧ (美)詹姆斯·E.安德森.公共政策制定[M].5版.谢明等,译.北京:中国人民大学出版社,2009.
⑨ David Easton.The Political System[M].New York:Knopf,1953:129.
⑩ Carl J Friedrich.Man and His Government[M].New York:McGraw-Hill,1963:70.

哲学家亚伯拉罕·卡普兰（Abraham Kaplan）在1970年的观点"政策为'目标、价值观和实践的计划'"[1]，进行了分析，归纳出"公共政策就是政府选择做什么或不做什么"[2]。

政策科学传入我国后，诸多学者也先后就"政策"和"公共政策"的概念展开了讨论。1988年，孙光根据我国的特点，提出"政策应该是国家和政党为了实现一定的总目标而确定的行动准则，它表现为对人们的利益进行分配和调节的政治措施和复杂过程"[3]。1991年，王福生将政策解释为"人们为实现某一目标而确定的行为准则和谋略"[4]。1992年，张金马将公共政策定义为"党和政府用以规范、引导有关机构团体和个人行动的准则或指南。其表达形式有法律规章、行政命令、政府首脑的书面或口头声明和指示以及行动计划与策略等"[5]。1993年，陈振明提出政策是"国家机关、政党及其他政治团体在特定时期为实现或服务于一定社会政治、经济、文化目标所采取的政治行为或规定的行为准则，它是一系列谋略、法令、措施、办法、方法、条例等的总称"[6]，并在此后1998年[7]和2003年[8]发表的相关著作里也复述了这一观点。2003年，王骚将公共政策的概念表述为"以政府为代表的公共权力机构针对社会公共问题的解决，通过民主政治程序制定和执行的行动方针和行为准则"[9]。2005年，郑敬高提出政策就是"一个政治系统面对它所要解决的问题而采取的决策"[10]。2013年，谭开翠指出"公共政策"与"政策"是两个不同的概念，政策的外延比较宽泛，公共政策是政策的一种典型形式。

---

[1] Harold D Lasswell, Abraham Kaplan.Power and Society[M].New Haven, CT: Yale University Press, 1970: 71.
[2] （美）戴伊.理解公共政策[M].12版.谢明，译.北京：中国人民大学出版社，2010.
[3] 孙光.政策科学[M].杭州：浙江教育出版社，1988.
[4] 王福生.政策学研究[M].成都：四川人民出版社，1991.
[5] 张金马.政策科学导论[M].北京：中国人民大学出版社，1992.
[6] 陈振明，黄强，骆沙舟.政策科学原理[M].厦门：厦门大学出版社，1993.
[7] 陈振明.政策科学[M].北京：中国人民大学出版社，1998.
[8] 陈振明.政策科学：公共政策分析导论[M].2版.北京：中国人民大学出版社，2003.
[9] 王骚.政策原理与政策分析[M].天津：天津大学出版社，2003.
[10] 郑敬高.政策科学[M].济南：山东人民出版社，2005.

并将公共政策界定为"国家(政府)、执政党及其他政治团体在特定时期为实现一定的社会政治、经济和文化目标所采取的政治行动或所规定的行为准则,它是一系列谋略、法令、措施、办法、方法、条例的总称"[①]。

比对"政策"这个词在第 7 版的《现代汉语词典》中的解释"国家或政党为实现一定历史时期的路线而制定的行动准则"[②],我们不难发现,外国学者由于其立场及各自在政治学、法学上的研究切入点不同,在政策与公共政策的概念界定上,特别是语境表达上与中国学者的阐述差异较为明显。其论断在相关研究中频频出现,表明这些定义在某种程度上说基本是对的;但还有相当数量的引用却是为了延伸开来以对其缺漏展开分析与讨论,说明这些定义的侧重点存在分歧。虽说如此,其论断依然可以对我们增进对政策与公共政策的概念理解有所启发,特别是对政策与公共政策内涵的理解(图 1-10)。

图 1-10　政策与公共政策的内涵理解

但正如北京大学张国庆教授指出的:"关于公共政策的精确定义……最重要的问题不在于对公共政策作出科学理性的、全面的概括,而在于能够把握住现代公共政策的精神实质,把握住它的学科体系,把握住它的主要研究方法,进而为公共政策的实践提供行动

---

① 谭开翠. 现代公共政策导论 [M]. 北京:中国书籍出版社,2013.
② 中国社会科学院语言研究所词典编辑室. 现代汉语词典 [M].7 版. 北京:商务印书馆,2016.

指南,提供可靠的方法。"[1]

1.2.2 建筑能耗与节能

谈到建筑节能,其实首先要说的是建筑能耗的概念。在建筑节能的字面意义上,以建筑能耗降低的情况作为反映建筑节能行为的表现,那么对于建筑能耗的理解差异意味着对建筑节能认识的不同。而由于适应范围的区别,建筑能耗和建筑节能都同样存有狭义与广义两种解释。刘加平认为"广义上"可认同为"普遍意义上",狭义上则是仅"针对特定对象或仅适应特定范围"[2]。

对于广义建筑能耗的定义,随着时间推移出现了一些变化(图1-11、图1-12)。与定义二相近,王蕾[3]、朱守先[4]等在研究中都将广义建筑能耗的范畴限定在建筑施工能耗、建筑运行的全过程能耗以及建筑材料生产能耗。而常远[5]、程敏[6]等在前者的基础上,还把建筑拆除报废能耗纳入了广义建筑能耗的范畴。

对于狭义建筑能耗的定义,李兆坚[7]、杨丽、张小平[8]等都认为建筑运行能耗即狭义建筑能耗,是"维系建筑功能所必须损耗的能量"[9],也就是"建筑能耗中的主导部分"[10]。其相关研究关注点则在于"建筑运行能耗的改进和优化"[11]。

---

[1] 张国庆.现代公共政策导论[M].北京:北京大学出版社,1997.
[2] 刘加平,谢静超.广义建筑围护结构热工设计原理与方法[J].建筑科学,2022,38(8):1-8.
[3] 王蕾,魏后凯.中国城镇化对能源消费影响的实证研究[J].资源科学,2014,36(6):1235-1243.
[4] 朱守先,梁本凡.中国城市低碳发展评价综合指标构建与应用[J].城市发展研究,2012,19(9):93-98.
[5] 常远,王要武.基于经济投入——产出生命期评价模型的我国建筑物化能与大气影响分析[J].土木工程学报,2011,44(5):136-143.
[6] 程敏,施霞君.建筑节能的全生命周期研究[J].生态经济,2009(7):118-120,123.
[7] 李兆坚,江亿.我国广义建筑能耗状况的分析与思考[J].建筑学报,2006(7):30-33.
[8] 张小平,李鹏,宁伟,等.低碳导向下的淄博市中央活力片区城市设计[J].规划师,2021,37(21):51-57.
[9] 杨丽.泛广义建筑节能[J].住宅科技,2017,37(5):32-37.
[10] 同[4].
[11] 程敏,施霞君.建筑节能的全生命周期研究[J].生态经济,2009(7):118-120,123.

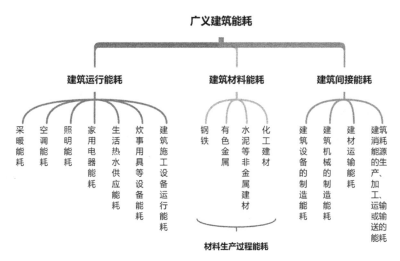

图 1-11　广义建筑能耗定义一
（按 2006 年《我国广义建筑能耗状况的分析与思考》[①] 内容绘制）

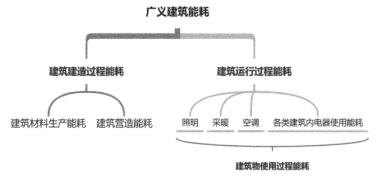

图 1-12　广义建筑能耗定义二（按 2015 年《中国建筑节能路线图》[②] 内容绘制）

回头再看节能这个词在狭义和广义上的含义。徐寿波认为：狭义节能，其节能对象是"煤炭、石油、天然气和电力等能源本身"，其节能目标是"提高狭义能源效率"；广义节能则是"包括直接节能和间接节能、技术节能和经济节能在内的全面节能"，其节能对象是

---

① 李兆坚，江亿. 我国广义建筑能耗状况的分析与思考 [J]. 建筑学报，2006（7）：30-33.
② 彭琛，江亿. 中国建筑节能路线图 [M]. 北京：中国建筑工业出版社，2015.

"除了能源本身以外,还包括所有花费能源代价得来的物力(原材料)、财力(资金)、人力、自然力、运力、时力等各种能源载体",其节能目标是"提高综合能源效率"[1],其重点是"不断降低工业部门的单位产品能耗,提高单位产品的附加值"[2]。在 2060 年前实现碳中和目标的背景下,广义节能的内涵,除了"提高能源效率外,还应该包括产业结构调整、低碳消费和循环经济"[3]。

1.2.3 绿色建筑与建筑节能

广义上的建筑节能目标是节能,概念上就是要"全天候、全寿命、全方位、全过程、全系统"[4]地节约能源,一方面在研究范畴上要把建筑视为一个系统,另一方面还需考虑此系统"作为绿色生态系统的一个子系统时的能耗情况"[5]。曹伟认为广义建筑节能就是"在建筑全生命周期内,从建筑材料(建筑设备)的开采、生产、运输,到建筑寿命期终止销毁建筑、建筑材料(建筑设备)这一期限内,在每个环节上充分提高能源利用效率,采用可再生材料和能源,在保证建筑功能和要求的前提下,达到降低能源消耗、降低环境负荷的目的"[6]。

华京君等认为现在通称的"建筑节能是狭义的建筑能耗"[7],侧重于"某个建筑物本身所采取的措施和手段"[8]。强调"在建筑物建成后的使用期限内,在不影响建筑功能和美学要求的前提下,降低建筑物自身通过外围护结构的能量损失,充分利用可再生能源,减少建

---

[1] 徐寿波.改革开放 30 年中国能源发展战略的变革 [J].中国国情国力,2008(10):8-12.
[2] 王家诚,徐寿波.节能是我国能源发展的长期战略方针 [J].经济改革与发展,1998(4):42-47.
[3] 林伯强.碳中和背景下的广义节能——基于产业结构调整、低碳消费和循环经济的节能新内涵 [J].厦门大学学报(哲学社会科学版),2022,72(2):10-20.
[4] 宋春华.广义建筑节能与综合节能措施 [J].住宅科技,2005(11):6-11.
[5] 李静薇,陈忠贵,郑巧玲,等.浅谈即将到来的住宅建筑节能第三步——新建住宅节能 65%[J].油气田地面工程,2005(3):34-35.
[6] 曹伟.广义建筑节能 [M].北京:中国电力出版社,2016.
[7] 华京君,张莉红,李郁武.社会主义新农村建设的住宅节能研究 [J].安徽农业科学,2010,38(30):17126-17127.
[8] 杨红霞.建筑节能评价体系的探讨与研究 [J].暖通空调,2006(9):42-44.

筑使用过程中的采暖、制冷、照明等建筑能耗，提高能源利用效率"[①]。这种理解与2008年颁布实施的《民用建筑节能条例》对民用建筑节能的释义是一致的，即"在保证民用建筑使用功能和室内热环境质量的前提下，降低其使用过程中能源消耗的活动"[②]。

综上所述，如果是字面上去理解"建筑能耗"+"节能"，得到的认知将更接近于狭义上的建筑节能概念。广义上的建筑节能概念，虽然不同专家在理解上有区别，但在讲究建筑物全寿命周期内高效利用能源方面是一致的，分歧点集中在是否纳入节材与降碳的理念。但这一点分歧并不值得讨论，因为节约建材相当于间接减少了建筑材料的消耗即降低了生产建筑材料所需能耗，同样符合在建筑物全寿命周期内高效利用能源的诉求。此外，像建筑节能这类工程应用上的概念，其在广义上的含义也无法脱离时代进步而一成不变，特别是在生态文明建设的大背景下，吸纳了节材与降碳理念的广义上的建筑节能概念亦恰是时代所需要的。另一方面，建筑材料（设备）与能源不仅要在建筑物全寿命周期内使用效率高，且消耗上也需恪守源头减量、过程控制、终止后可回收的理念，以实现建筑节能以及低环境影响的愿景。可以说，广义上的建筑节能概念在资源的可持续性与低环境影响上所反映的绿色生态理念比美国环境保护署自定义的绿色建筑概念——"Green building is the practice of creating structures and using processes that are environmentally responsible and resource-efficient throughout a building's life-cycle from siting to design, construction, operation, maintenance, renovation and deconstruction"[③]更进一步。与2019版的《绿色建筑评价标准》GB/T 50378—2019修订的绿色建筑概念——"在全寿命期内，节约资源、保护环境、减少污染，为人们提供健康、适用、高效的使用空间，

[①] 黄继红，范文莉. 以建筑节能为导向的建筑整合设计策略 [J]. 工业建筑，2008（2）：21-24.
[②] 中国政府网. 民用建筑节能条例 [EB/OL]. (2008-08-01) [2022-09-29]. http://www.gov.cn/zhengce/2020-12/27/content_5574530.htm.
[③] 美国环境保护署. Definition of Green Building[EB/OL]. (2022) [2022-10-12]. https://archive.epa.gov/greenbuilding/web/html/about.html.

最大限度地实现人与自然和谐共生的高质量建筑"[①] 二者相比则有异曲同工之妙（表1-1）。广义上的建筑节能将建筑物所形成的系统节能工程当作绿色生态体系的一个子系统，不仅是环境友好，而且在技术体系、运营模式上都要服务于生态文明建设，产业更是要由高速度工业化转向高质量工业化、由粗放型增长转向绿色低碳循环增长，以早日实现碳中和愿景下的循环经济建设目标。所以从内涵去讲，业界认为建筑节能从属于绿色建筑，那通常是立足于建筑节能工作仅限于狭义建筑节能而言；广义建筑节能概念和2019版的绿色建筑概念由于价值取向趋近，从政策体系角度可以视为同一体系。

建筑节能与绿色建筑概念差异　　　　表1-1

概念类型		关注建筑物全寿命周期	低环境影响措施
狭义建筑节能概念		仅建筑运行阶段	节能
广义建筑节能概念		是	节能、节材、降碳
美国环护署绿色建筑概念		是	资源高效利用、环境负责
《绿色建筑评价标准》的绿色建筑概念	2006版	是	节能、节地、节水、节材、保护环境、减少污染
	2014版		
	2019版	是	节约资源、保护环境、减少污染

1.2.4　建筑节能政策的含义

正如我们日常更多使用的是词典与辞典，而不是字典。恰当的字只有在恰当的应用语境中，才能反映出恰当的语义。语义生成于具体的语境中，语义随着实际语境的变换而不断变化，一旦脱离了时代背景与应用场景，可能在表意上就会出现或多或少的偏差。在我国改革开放取得丰富的物质成果之前，我们对于节能行为的认知，一般都认为不使用能源即为节能行为，或称节能行为就是放弃使用能源带来的便捷与环境品质提升等行为。所以时至今日，在降低建筑能耗这件事情上，将拉闸限电作为惯用手段使用的现象依然存在。

---

① 住房和城乡建设部.住房和城乡建设部关于发布国家标准《绿色建筑评价标准》的公告 [EB/OL].（2019-03-13）[2022-10-27].https://www.mohurd.gov.cn/gongkai/zhengce/zhengcefilelib/201905/20190530_240717.html.

简而言之，对比狭义的建筑节能概念与广义的建筑节能概念，其对应的建筑节能政策主要区别在于政策客体差别，同时又由于政策环境的变化，狭义建筑节能概念与广义建筑节能概念有一个承接与演化的关系。在狭义建筑节能概念为主流的时期，建筑节能政策要面对的主要是建筑运行能耗问题，及怎样对相关利益团体进行必要规制的问题。在广义建筑节能概念转化为主流时，建筑节能政策涉及的领域已经把建筑物全寿命周期内各环节要素的问题都囊括进来了。

要进一步理解建筑节能政策，就要先认识建筑节能政策系统。建筑节能政策系统是建筑节能政策运行的载体，是建筑节能政策展开的基础。建筑节能政策系统内部的政策主体、政策客体、政策环境三大因素的联系是否妥当，将直接影响建筑节能政策的运行是否通畅，并决定建筑节能政策实施效果的高低。以下，我们将参照陈振明在《政策科学：公共政策分析导论》中对政策系统内部各因素的相关定义[1]，尝试对建筑节能政策系统内部的政策主体、政策客体、政策环境三大因素进行阐释。

1. 建筑节能政策主体

根据政策主体的不同，建筑节能政策可分为政府主管部门和行业协会自律组织两大类：政府主管部门的建筑节能政策指由国务院、国家发展改革委、各级住房和城乡建设主管部门等合法权威制定的建筑节能政策，比如国务院在2008年颁布的《民用建筑节能条例》[2]、住房和城乡建设部在2022年发布的《"十四五"建筑节能与绿色建筑发展规划》[3]；行业协会自律组织的建筑节能政策，常见由中国城市科学研究会、中国建筑节能协会、各省市建筑节能协会联合建筑节能咨询设计企业、建筑节能施工企业、建筑节能材料生产厂家、建

---

[1] 陈振明.政策科学：公共政策分析导论[M].2版.北京：中国人民大学出版社，2003.
[2] 中国政府网.民用建筑节能条例[EB/OL].（2008-08-01）[2022-10-18].http://www.gov.cn/flfg/2008-08/07/content_1067062.htm.
[3] 住房和城乡建设部.住房和城乡建设部关于印发"十四五"建筑节能与绿色建筑发展规划的通知[EB/OL].（2022-03-01）[2022-10-20].https://www.mohurd.gov.cn/gongkai/zhengce/zhengcefilelib/202203/20220311_765109.html.

筑节能设备生产厂家等组织制定，比如中国建筑节能协会在2019年发布的《夏热冬暖地区净零能耗公共建筑技术导则》T/CABEE 004—2019[①]、广东省建筑节能协会在2013年发布的《绿色建筑工程咨询、设计及施工图审查收费标准（试行）》[②]。

2. 建筑节能政策客体

建筑节能政策的客体就是指建筑节能政策所发生作用的对象，包括建筑节能政策要处理的社会问题和所要发生作用的社会成员，即目标问题及目标团体两方面。

建筑节能工作中存在着各种各样的问题，但只有那些促使政策主体采取行动的问题，才是建筑节能政策要处理的问题。比如，上海市浦东新区建设和交通委员会为了更好地从源头提高政府投资项目、大型公共建筑项目和其他有关项目的建筑节能设计水平，规范民用建筑节能评估工作，针对民用建筑节能评估及其相关的管理活动这两个目标问题而印发的《上海市浦东新区民用建筑节能评估管理办法（试行）》[③]；浙江省住房和城乡建设厅为了加强民用建筑节能评估工作，规范民用建筑节能评估行为，针对民用建筑节能评估机构这个目标团体而印发的《浙江省民用建筑节能评估机构备案管理办法》。

建筑节能政策有大有小，基于发生作用的范围差异，所要调整和规范的目标问题大小及目标团体多少也不同。比如前文提及的《"十四五"建筑节能与绿色建筑发展规划》发生作用的范围就极广，几乎涉及了建筑节能领域的方方面面。建筑节能政策的多少与政策大小无关，比如仅仅作用于建筑节能技术体系中外墙方面的外

---

① 中国建筑节能协会.关于发布《夏热冬暖地区净零能耗公共建筑技术导则》团体标准的公告[EB/OL].（2019-12-27）[2022-10-20].https://www.cabee.org/site/content/23348.html.
② 广东省建筑节能协会.关于发布《绿色建筑工程咨询、设计及施工图审查收费标准（试行）》的通知[EB/OL].（2013-06-28）[2022-10-20].http://www.gbeca.org/xinwenzixun/xiehuitongzhi/17unejgveb7co.xhtml.
③ 上海市浦东新区建设和交通委员会.上海市浦东新区民用建筑节能评估管理办法（试行）[EB/OL].（2010-08-05）[2022-10-21].https://www.pudong.gov.cn/00601000105/20220112/633042.html.

墙外保温问题，由住房和城乡建设部印发的就有《外墙外保温用防火分隔条》JG/T 577—2022、《外墙外保温工程技术标准》JGJ 144—2019、《岩棉薄抹灰外墙外保温工程技术标准》JGJ/T 480—2019、《外墙外保温用丙烯酸涂料》JG/T 206—2018、《酚醛泡沫板薄抹灰外墙外保温系统材料》JG/T 515—2017、《建筑外墙外保温系统修缮标准》JGJ 376—2015、《建筑用混凝土复合聚苯板外墙外保温材料》JG/T 228—2015、《泡沫玻璃外墙外保温系统材料技术要求》JG/T 469—2015、《外墙饰面砖工程施工及验收规程》JGJ 126—2015、《外墙外保温系统耐候性试验方法》JG/T 429—2014、《胶粉聚苯颗粒外墙外保温系统材料》JG/T 158—2013 等。同时，这些作用于建筑节能技术体系中外墙方面的外墙外保温问题的建筑节能政策，又可以再细分为材料类标准、施工技术类标准、试验方法类标准等。

判断建筑节能政策的客体至关重要。了解建筑节能政策所发生作用的目标问题及目标团体的性质与特点，有利于制定适宜的、能得到充分理解和有效执行的建筑节能政策，从而发挥政策效能，取得预期成果。

3. 建筑节能政策环境

建筑节能政策的政策环境是影响建筑节能政策产生、存在和发展的一切因素总和，有时候一场突发事故也是新政策出台的重要原因。

建筑节能政策在实施的早期阶段，并未涉及建筑节能材料的防火问题，国内也很少有学者研究建筑节能防火、消防、安全相关问题（图1-13），比如2004版的《外墙外保温工程技术规程》JGJ 144—2004和当时建筑领域的最基础强制性标准2006版《建筑设计防火规范》GB 50016—2006均未覆盖此类目标问题。但此后的系列重大安全事故促成新政策出台。2009年2月9日，违规燃放的烟花引燃在建的央视新址北配楼外部装饰板，建筑物过火燃烧极快，整栋楼付之一炬[①]。同年9月25日，公安部、住房和城乡建设部联

---

① 新浪网. 央视大火[EB/OL].（2009-02-15）[2022-10-22]. http://news.sina.com.cn/o/2009-02-15/034215163538s.shtml.

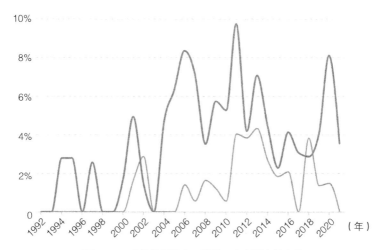

图1-13 建筑节能防火、消防、安全研究量占比
（注：在CNKI检索EI来源期刊、北大核心、CSSCI、CSCD来源的学术期刊，
主题词分别为"建筑节能防火""建筑节能消防""建筑节能安全"，
并将结果与主题词为"建筑节能"的检索结果相比）

合印发《民用建筑外保温系统及外墙装饰防火暂行规定》（公通字〔2009〕46号）。2010年11月15日，上海市静安区胶州路高层教师公寓因违规进行电焊作业引燃建筑外部保温材料，大火造成58人死亡、71人受伤[1]。同月18日，住房和城乡建设部发布《关于进一步加强建筑施工消防安全工作的通知》（建质电〔2010〕53号）。2011年2月3日，沈阳市和平区青年大街皇朝万鑫酒店B座楼因燃放烟花爆竹引燃楼表面装饰材料发生火灾[2]。此后大量相关政策出台，2011年3月14日，公安部消防局印发《中华人民共和国公安部关于进一步明确民用建筑外保温材料消防监督管理有关要求的通知》（公

---

[1] 河南省文物局.国内十大典型火灾案例[EB/OL].（2021-06-30）[2022-10-20].https://wwj.henan.gov.cn/2021/06-30/2174334.html.
[2] 中国新闻网.沈阳五星级酒店万鑫酒店大火系燃放烟花所致[EB/OL].(2011-02-03)[2022-10-22].https://www.chinanews.com.cn/sh/2011/02-03/2826705.shtml.

消〔2011〕65号），明确"将民用建筑外保温材料纳入建设工程消防设计审核、消防验收和备案抽查范围"[1]；2011年12月30日，国务院印发《国务院关于加强和改进消防工作的意见》（国发〔2011〕46号）；2012年11月1日，公安部修订后的《建设工程消防监督管理规定》开始实施；自此对新建、扩建、改建建设工程使用外保温材料的防火性能及监督管理工作都有了明确规定。到2014年8月，住房和城乡建设部发布的2014版《建筑设计防火规范》GB 50016—2014已补充了建筑保温系统的防火要求。

1.3 小结

简而言之，建筑节能政策实质诉求理解差异集中体现在对"建筑""节""能"三者上："建筑"意指在使用期的建筑物或是也包含了构筑建筑物、拆除建筑物过程的全寿命周期建筑物；"节"意指少用或者高效利用；"能"意指直接被建筑物使用的能源、因构筑建筑物或运营维护建筑物而消耗材料资源所间接使用的能源。故狭义建筑节能定义在《民用建筑节能条例》中已有清晰阐述，无须重复赘述；广义建筑节能亦可简单认为是旨在建筑物全寿命周期内减少或高效利用直接能耗与间接能耗。由广义建筑节能看节能建筑与绿色建筑，则是大目标下工作的一体两面，节能建筑为刚性要求，起到托底作用，绿色建筑为优选要求，起到引导作用。

建筑节能政策的本质是在国家节能减排大方针下形成的建筑领域相关政策体系。如果只是单纯将建筑节能标准（规范、规程）当作建筑节能政策的全部，那就是没有抓住建筑节能政策的核心关键。建筑节能标准是最接近基层的执行层面政策，与基层联系密切，很多的矛盾与分歧也是由此产生。所以在基层人员眼里，特别是从建设单位人员的视角来看，建筑节能标准往往就是建筑节能政策的全

---

[1] 中国政府网.我国将民用建筑外保温材料纳入消防审核验收范围[EB/OL].（2011-03-15）[2022-10-22].http://www.gov.cn/govweb/jrzg/2011-03/15/content_1825336.htm.

部。由于运营方不一定是建设单位,两者对于建筑节能政策的理解就产生了天然的偏差。

唐代白居易有句名言"文章合为时而著",一项合时宜的建筑节能政策往往指示了当时建筑节能相关行业发展的大方向,同时契合了当时社会经济发展对建筑节能相关行业需求和痛点。就像胡红在研究中提出的"节能政策是为解决社会经济发展过程中的能源供求、安全、价格及环境问题而制定和实施的,是一个不断变化发展的状态。能源领域的各种问题不是生来就有的,它有一个发生、发展,从潜在量化积累到激信化质变的过程"[1],建筑节能政策与我们欣欣向荣的改革开放事业一样,也是随着社会经济环境的变化和建筑行业的升级迭代一起呈现出不断更新和完善的趋势。

建筑节能作为推进生态文明建设、助力"双碳"目标的重要举措,进而构建一套方法科学、结构严谨、规划合理、能将各方主体协调一致的建筑节能政策体系,既是建筑领域节能降耗降碳愿景得以最终成功实施的机制保障,也是建筑领域实现高质量发展的内在要求。理解建筑节能政策的前提,是对政策出台时的大背景、大环境要有充分的认识。这种认识涵盖社会治理、行业引导与技术推广应用3个层面。其一需要检视当前上位国家政策定下的宏观方向,其二需要检视在相关法律的框架约束下形成的执行领域,其三需要检视既有相关成熟可行技术与产业市场供给之间存在的矛盾。

---

[1] 胡红. 节能政策的实施、演进和展望 [M]. 北京:中国发展出版社,2019.

第 2 章　建筑节能政策体系

　　建筑节能工作是建筑行业贯彻落实《中华人民共和国节约能源法》(以下简称《节约能源法》)及《民用建筑节能条例》、提高能源利用效率、减少温室气体排放和应对气候变化的主要手段和有效途径[①]。建筑节能政策是通过公共管理过程来做好建筑节能工作这一特定目标的过程中，发展出来的各项法律、行政法规、地方性法规、部门规章、地方政府规章。政策的主要表现形式包括且不仅限于方针、原则、策略、措施、计划、规划、意见、通知和标准、规范、导则等。从狭义建筑节能内涵看，建筑节能政策是国务院建设主管部门和县级以上地方人民政府建设主管部门经过政治活动所选择的行动方案。从广义建筑节能内涵看，建筑节能政策是各公共行为主体在职能范围内为建筑节能目标而采取的行动方案的总和。

　　建筑节能政策的功能源于其公共属性，即公共政策的导向、规范、协调与控制功能。建筑节能政策首先要针对的就是建筑行业发展与节能减排这项国策之间的矛盾，需发挥导向功能，将建筑活动中与节能减排冲突的行为纳入轨道，从而使得建筑行业可持续发展。其次，建筑节能政策在建筑活动中为保证建筑节能行为能够正常落实而起着规范性的作用，即通过建筑节能政策的制定和实施，使相关行为主体遵守建筑节能法规、维护生产活动秩序。一方面建筑节能政策体现监督作用，另一方面建筑节能政策也通过奖励的作用，使相关行为主体能以自我约束或外界强制的方式达到守序。再次，建筑节能政策的协调功能，在于其有意识地去调节经济社会全局与建筑行业、建筑行业与建筑项目、建筑项目与项目业主、建筑项目与

---

① 住房和城乡建设部.中国建筑技术政策[M].2013版.北京：中国城市出版社，2013.

建筑材料之间的关系，从而保证节能减排含义下社会利益的均衡协调，保证社会发展的绿色、生态、环保。最后，建筑节能政策的控制功能，体现在其能对相关行为主体的行为和建筑行业的可持续发展起到制约或促进作用从而实现整个建筑行业的节能减排目标。

与其他公共政策一样，建筑节能政策同样可以按层次分为元政策、基本政策与具体政策。元政策以全国人大颁行的法律为主，包括《节约能源法》《中华人民共和国可再生能源法》（以下简称《可再生能源法》）等，决定了基本政策和具体政策的基本价值、基本方向和基本程序。基本政策以行政法规为主，包括《民用建筑节能条例》《公共机构节能条例》及地方人大颁行的法规等，是对元政策的服从和细化，且统领了若干具体政策。具体政策以部门规章为主，包括《民用建筑节能管理规定》，也包括国务院建设行政主管部门根据建筑节能发展状况和技术先进、经济合理的原则，组织建立的建筑节能标准体系。省、自治区、直辖市人民政府建设行政主管部门按照国家民用建筑节能有关规定，制定的严于国家民用建筑节能标准的地方标准或者实施细则，这是对具体政策的进一步深化。团体标准则作为推荐性标准是对具体政策在细分专业上的补充建议（图2-1）。

如果是普通建筑活动，一般按《中华人民共和国建筑法》[①]（以下简称《建筑法》）去理解建筑节能政策的宗旨，那么除了节能减排这个核心价值取向之外，与规范普通建筑活动的政策一样，"质量"与"安全"同样是建筑节能政策的底线，也是建筑节能工作实施监督管理的常规抓手。但将建筑节能政策追溯到《节约能源法》这一政策本源，那围绕这"节能""减排"这两项主要任务及其保障措施而逐步形成的建筑节能政策体系的主构架便被清晰地展现了出来（图2-2）。

---

① 中国人大网. 中华人民共和国建筑法 [EB/OL].(2019-05-07)[2022-10-31]. http://www.npc.gov.cn/npc/c30834/201905/0b21ae7bd82343dead2c5cdb2b65ea4f.shtml.

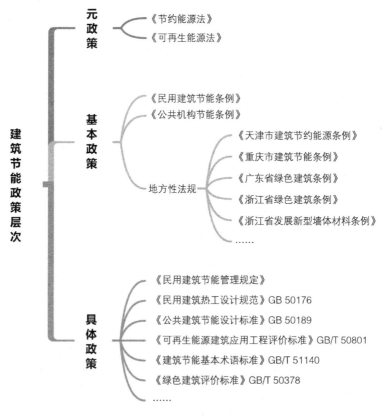

图 2-1　建筑节能政策层次示意图

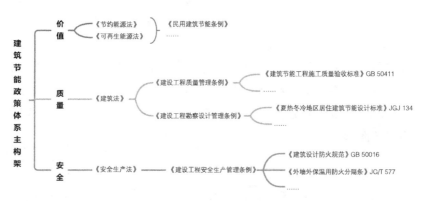

图 2-2　建筑节能政策体系主构架示意图

2.1 相关法律法规

在节约资源这项基本国策指引下,我国目前已经"形成了以节约能源法为统领,以民用建筑节能、公共机构节能等条例为支撑,节能审查、节能监察、能效标识、重点用能单位管理等规章为保障的节能法规体系"[①]。

2.1.1 法律

法律指全国人民代表大会及其常务委员会制定的"某一类特定地位的规范性法律文件,在中国即指仅次于宪法的规范性法律文件"[②]。建筑节能相关法律是建筑节能政策体系的核心与基石(表2-1)。

建筑节能相关法律 表2-1

名称	首次颁布日期	施行日期	最新修订日期	关联度
《中华人民共和国建筑法》	1997年11月1日	1998年3月1日	2019年4月23日	
《中华人民共和国节约能源法》	1997年11月1日	1998年1月1日	2018年10月26日	直接
《中华人民共和国可再生能源法》	2005年2月28日	2006年1月1日	2009年12月26日	
《中华人民共和国安全生产法》	2002年6月29日	2002年11月1日	2021年6月10日	强

从建筑节能视角,相关法律从最基本的层面对建筑节能政策体系中的一些关键内容进行了明确。《建筑法》[③]一是对建筑活动进行定

---

① 国家发展和改革委员会.国家发展改革委新闻发布会 介绍生态文明建设有关工作情况[EB/OL].(2022-09-21)[2022-10-31].https://www.ndrc.gov.cn/xwdt/wszb/stwmjsyggzqk/.
② 《中华法学大辞典》编委会.中华法学大辞典 简明本[M].北京:中国检察出版社,2003.
③ 中国人大网.中华人民共和国建筑法[EB/OL].(2019-05-07)[2022-10-31].http://www.npc.gov.cn/npc/c30834/201905/0b21ae7bd82343dead2c5cdb2b65ea4f.shtml.

义；二是将建筑活动纳入法律监管之下；三是在法律上赋予国务院建设行政主管部门对全国的建筑活动实施统一监督管理的权力和责任；四是将确保建筑工程质量和安全以及符合国家建筑工程安全标准列为从事建筑活动时在法律上需要遵循的要求，2019年修订的《建筑法》则进一步提出需要"有保证工程质量和安全的具体措施"[①]。《节约能源法》[②]代替了1986年发布的《节约能源管理暂行条例》[③][④]，作为建筑节能工作的合法性来源，一是对能源和节能能源进行定义；二是从法律上明确节约资源为基本国策、确立节能工作在社会经济发展中的法律地位、将节能目标责任制和节能考核评价制度定为法定机制；三是在法律上赋予国务院建设主管部门监督管理全国建筑节能的权力和责任、赋予县级以上地方各级人民政府建设主管部门监督管理本行政区域内建筑节能的权力和责任；四是将遵守建筑节能标准作为建筑工程正常开展的基本条件之一、要求房地产开发企业为向购房人明示的节能措施和保温工程保修期等信息承担法律责任；五是鼓励使用新型墙体材料等节能建筑材料和节能设备、安装和使用太阳能等可再生能源利用系统；六是将公共机构节能与建筑节能、工业节能、交通运输节能、重点用能单位节能一并列入合理使用与节约能源的主要监督管理对象，且对公共机构的定义及其权责进行明确。《中华人民共和国安全生产法》[⑤][⑥]（以下简称《安全生产法》）

---

① 中国政府网.全国人民代表大会常务委员会关于修改《中华人民共和国建筑法》等八部法律的决定[EB/OL].（2019-04-23）[2022-10-18].http://www.gov.cn/xinwen/2019-04/23/content_5385561.htm.

② 中国人大网.中华人民共和国节能源法[EB/OL].（2018-11-05）[2022-10-18].http://www.npc.gov.cn/npc/c12435/201811/045c859c5a31443e855f6105fe22852b.shtml.

③ 国家应对气候变化战略研究和国际合作中心.国务院关于发布《节约能源管理暂行条例》的通知[EB/OL].（2002-10-09）[2022-10-31].https://www.ccchina.org.cn/Detail.aspx?newsId=28002&TId=60.

④ 中国政府网.国务院关于废止2000年底以前发布的部分行政法规的决定[EB/OL].（2001-10-06）[2022-10-31].http://www.gov.cn/gongbao/content/2001/content_61147.htm.

⑤ 中国政府网.《中华人民共和国安全生产法》[EB/OL].（2002-06-29）[2022-10-18].http://www.gov.cn/ztzl/2006-05/27/content_292725.htm.

⑥ 中国政府网.全国人民代表大会常务委员会关于修改《中华人民共和国安全生产法》的决定[EB/OL].（2021-06-10）[2022-10-18].http://www.gov.cn/xinwen/2021-06/11/content_5616916.htm.

是在建筑活动中实施安全生产监督管理的主要法律依据,不仅明晰了政府职责,也规定了生产经营单位的义务、生产经营单位主要负责人的责任与从业人员的权利和义务。《可再生能源法》[①][②]是在建筑活动中利用可再生能源的主要法律依据,其不仅圈定了可再生能源包含的非化石能源种类范围,还鼓励单位和个人安装和使用太阳能利用系统,也要求房地产开发企业在建筑活动中履行国务院建设行政主管部门会同国务院有关部门制定的相关技术规范。更重要的是,有别于《建筑法》和《节约能源法》中对于促进可再生能源发展的鼓励性、倡导性条款的零星描述,《可再生能源法》的颁布结束了我国缺乏专门性、综合性的可再生能源发展政策与法律的局面[③]。

2.1.2 行政法规

行政法规是国务院为领导和管理国家各项行政工作,根据宪法和法律制定的有关政治、经济、教育、科技、文化、外事等各类规范性法律文件的总称。行政法规名称是国务院制定的行政法规的称谓。《行政法规制定程序暂行条例》规定"行政法规的名称为条例、规定和办法:对某一方面的行政工作作比较全面系统规定的行政法规,称'条例';对某一方面的行政工作作部分规定的行政法规,称'规定';对某一项行政工作作比较具体规定的行政法规,称'办法'。此外,法律实施细则以行政法规制定的,称'细则'"[④]。建筑节能相关行政法规是法律中建筑节能相关条款的细化与补充(表2-2)。

---

① 中国政府网.中华人民共和国可再生能源法 [EB/OL].(2005-02-28)[2022-10-18].http://f.mnr.gov.cn/201702/t20170206_1436542.html.
② 中国政府网.全国人民代表大会常务委员会关于修改《中华人民共和国可再生能源法》的决定 [EB/OL].(2009-12-26)[2022-10-18].http://www.gov.cn/flfg/2009-12/26/content_1497462.htm.
③ 柯坚.全球气候变化背景下我国可再生能源发展的法律推进——以《可再生能源法》为中心的立法检视 [J].政法论丛,2015,167(4):75-83.
④ 《中华法学大辞典》编委会.中华法学大辞典 简明本 [M].北京:中国检察出版社,2003.

建筑节能相关行政法规　　　　　　　　表2-2

名称	首次颁布日期	施行日期	最新修订日期	关联度
《节约能源管理暂行条例》	1986年1月12日	1986年4月1日	已被代替	直接
《民用建筑节能条例》	2008年8月1日	2008年10月1日	—	
《公共机构节能条例》	2008年7月23日	2008年10月1日	2017年3月1日	
《建设工程质量管理条例》	2000年1月30日	2000年1月30日	2019年4月23日	强
《建设工程勘察设计管理条例》	2000年9月25日	2000年9月25日	2017年10月7日	
《建设工程安全生产管理条例》	2003年11月24日	2004年2月1日	—	

上承于法律，建筑节能相关行政法规做了进一步的展开。《建设工程质量管理条例》[①]是对《建筑法》中质量管理的细化，一是定义了建设工程；二是明确了建设工程质量由五方主体，即建设单位、勘察单位、设计单位、施工单位、工程监理单位依法负责，以及五方主体各自的质量责任和义务；三是明晰了建设行政主管部门的详细监督管理责任、建设工程活动的基本建设程序和罚则。《建设工程安全生产管理条例》[②]是基于《建筑法》中安全管理的细化，一是对于建设工程的定义与《建设工程质量管理条例》一致；二是五方责任主体除《建设工程质量管理条例》中提及的以外，还纳入了其他与建设工程安全生产有关的单位，并明确安全责任内容与法律责任；三是明确建设工程安全生产工作的综合监督管理由负责安全生产监督管理的部门实施，建设工程安全生产的监督管理由建设行政主管部门实施，有关专业建设工程安全生产由铁路、交通、水利等

---

① 中国政府网.建设工程质量管理条例[EB/OL].（2019-04-23）[2022-11-05].http://www.gov.cn/zhengce/2020-12/26/content_5574380.htm.
② 中国政府网.建设工程安全生产管理条例[EB/OL].（2003-11-24）[2022-11-05].http://www.gov.cn/zhengce/2020-12/26/content_5575328.htm.

有关部门在各自的职责范围内实施监督管理。《建设工程勘察设计管理条例》[①]主要是针对《建设工程质量管理条例》提及的五方质量责任主体中的勘察单位、设计单位制定的,一是定义了建设工程勘察和建设工程设计;二是明确建设工程勘察、设计活动的监督管理主体为县级以上人民政府建设行政主管部门和交通、水利等有关部门,以及罚则内容;三是明确建设工程勘察、设计单位为建设工程勘察、设计的质量责任主体,要求其必须依法进行建设工程勘察、设计和严格执行工程建设强制性标准的同时,也鼓励采用先进技术、先进工艺、先进设备、新型材料和现代管理方法。《民用建筑节能条例》[②]是《节约能源法》与《可再生能源法》在民用建筑节能工作中的贯彻与细化,一方面对民用建筑和民用建筑节能进行定义;另一方面强调各级人民政府的领导工作和国务院建设主管部门、县级以上地方人民政府建设主管部门对各自辖域民用建筑节能的监督管理职责;同时明确编制和制定民用建筑节能规划、民用建筑节能标准的权属,明确相关奖惩机制与法律责任;此外也对新建建筑节能、既有建筑节能、建筑用能系统运行节能分别规定了细化要求。《公共机构节能条例》[③]是对《节约能源法》中公共机构节能内容的进一步深化,一是重申在《节约能源法》已定义的公共机构概念;二是明确各级与同级监督管理工作以及宣传、教育和培训工作的职责;三是明确公共机构节能工作奖惩机制;四是对节能规划、节能管理、监督和保障规定了具体条款。

2.1.3 部门规章

部门规章是"国务院各部门依法制定的规范性文件。宪法和国

[①] 中国政府网. 建设工程勘察设计管理条例 [EB/OL].(2017-10-07)[2022-11-05].http://www.gov.cn/zhengce/2020-12/26/content_5574366.htm.
[②] 中国政府网. 民用建筑节能条例 [EB/OL].(2008-08-01)[2022-11-05].http://www.gov.cn/zwgk/2008-08/07/content_1067038.htm.
[③] 中国政府网. 公共机构节能条例 [EB/OL].(2017-03-01)[2022-11-05].http://www.gov.cn/zhengce/2020-12/27/content_5574520.htm.

务院组织法规定，国务院各部、各委员会，依据法律、国务院的行政法规和决定，制定规章。部门制定规章不得超出其职权范围。部门规章分单个部门制定的规章和几个部门制定的联合规章。部门规章公布同时，报国务院备案。部门规章生效之后，具有普遍拘束力，部门规章的效力等级低于法律、行政法规"[1]。建筑节能相关行政规章通常由国务院建设主管部门制定，或由国务院建设主管部门与国务院其他有关部门联合制定（表2-3）。

建筑节能相关部门规章　　　　　表2-3

名称	首次颁布日期	施行日期	最新修订日期	关联度
《民用建筑节能管理规定》	2000年2月18日	2000年10月1日	2005年11月10日	直接
《房屋建筑和市政基础设施工程施工图设计文件审查管理办法》	2004年8月23日	2004年8月23日	2018年12月29日	强
《实施工程建设强制性标准监督规定》	2000年8月25日	2000年8月25日	2021年3月30日	

2000年印发的《民用建筑节能管理规定》[2]上承《建筑法》《节约能源法》，通过细化民用建筑节能管理工作形成了此规定。2005年修订后的版本[3]又将《建设工程质量管理条例》纳入了文件的前置法规，并定义了民用建筑与民用建筑节能，一方面民用建筑概念描述笼统，与2008年颁布的《民用建筑节能条例》中描述并不完全一致，既未将国家机关办公建筑单列，也未描述公共建筑的详细种类；另一方面在民用建筑节能概念描述上具体性很强，比《民用建筑节能条例》

---

[1] 《中华法学大辞典》编委会.中华法学大辞典 简明本[M].北京：中国检察出版社，2003.
[2] 临沂市兰山区人民法院.中华人民共和国建设部令（第76号）[EB/OL].（2000-02-18）[2022-11-05].http://www.lscps.gov.cn/html/8197.
[3] 中国政府网.民用建筑节能管理规定[EB/OL].（2005-11-10）[2022-11-05].http://www.gov.cn/gongbao/content/2006/content_421780.htm.

有更多细节，同时提及了新型墙体材料、建筑节能标准、用能设备运行管理、建筑围护结构热工性能设计、系统运行效率与可再生能源。《民用建筑节能管理规定》虽然未直接引用《可再生能源法》，但亦有专门条款说明了可再生能源在民用建筑节能中的利用管理。而《实施工程建设强制性标准监督规定》[①]与《房屋建筑和市政基础设施工程施工图设计文件审查管理办法》[②]则确保了建筑节能强制性标准的执行力。

2.1.4 地方性法规

此外，还有地方性法规，亦称"地方法规"。"根据宪法和地方组织法的规定，中国的地方国家权力机关和行政机关也有权在本区域内分别发布地方性法规、自治条例和单行条例及规章以及决议、决定等，所有含规范性内容的文件，都应属于地方性法规的范畴。地方性法规的名称通常为规定、规则、实施细则等，其效力低于法律和行政法规，只在制定机关管辖的区域内有效。省、自治区和直辖市人民代表大会和人民代表大会常务委员会发布的具有规范性内容的决议和决定，也属于地方性法规的范畴，与地方性法规具有同等效力"[③]。地方性建筑节能相关法规，比如《天津市节约能源条例》《天津市建筑节约能源条例》《重庆市建筑节能条例》《广东省民用建筑节能条例》《广东省绿色建筑条例》《湖南省绿色建筑发展条例》《湖北省民用建筑节能条例》《浙江省可再生能源开发利用促进条例》《浙江省绿色建筑条例》《浙江省发展新型墙体材料条例》《浙江省实施〈中华人民共和国节约能源法〉办法》；及地方性的建筑节能相关规章，比如《浙江省节能监察办法》。

建筑节能政策内容概览如图2-3所示。

---

① 中国政府网.实施工程建设强制性标准监督规定[EB/OL].（2005-08-25）[2022-11-05].http://www.gov.cn/gongbao/content/2001/content_60816.htm.
② 中国政府网.房屋建筑和市政基础设施工程施工图设计文件审查管理办法[EB/OL].（2013-04-27）[2022-11-05].http://www.gov.cn/zhengce/2022-01/25/content_5711961.htm.
③ 《中华法学大辞典》编委会.中华法学大辞典 简明本[M].北京：中国检察出版社，2003.

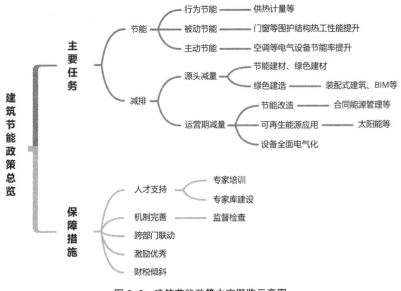

图 2-3 建筑节能政策内容概览示意图

2.2 相关规范性文件

有别于其他常见的公共政策，建筑活动有标准化与工业化的需求，所以建筑节能政策的相关规范性文件不仅包括各类"通知""意见""计划""发展规划""专项规划"，也包含了配套的建筑节能标准体系（图2-4）。其中，建筑节能标准作为控制建筑使用能耗的起点[1]，目前已在《中华人民共和国标准化法》（以下简称《标准化法》）指引下，形成了政府主管部门制定的建筑节能标准为主，行业协会自律组织制定的建筑节能标准为辅的综合性标准体系（附录1）。"标准包括国家标准、行业标准、地方标准和团体标准、企业标准。国家标准分为强制性标准、推荐性标准，行业标准、地方标准是推荐性标准。强制性标准必须执行。国家鼓励采用推荐性标准"[2]。"通过

---

[1] 兰兵.中美建筑节能设计标准比较研究[D].武汉：华中科技大学，2014.
[2] 《中华人民共和国标准化法》编写组.中华人民共和国标准化法 附新旧条文对照 2017 最新修订版[M].北京：中国民主法制出版社，2017.

标准的制定以及对建筑节能率要求的不断提升，对实现我国建筑节能工作目标起到了积极和关键作用"①。

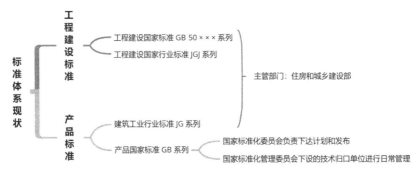

图 2-4　标准体系现状示意图
（按《建筑环境与节能标准体系现状与发展》②描述绘制）

2.2.1　相关标准

1. 建筑节能标准的区别

国家标准（缩写为"GB"），国家标准包括强制性国家标准与推荐性国家标准。两者区别在于："对保障人身健康和生命财产安全、国家安全、生态环境安全以及满足经济社会管理基本需要的技术要求，应当制定强制性国家标准；对满足基础通用、与强制性国家标准配套、对各有关行业起引领作用等需要的技术要求，可以制定推荐性国家标准"③。

行业标准。建筑节能相关行业标准有：建筑工业行业标准（缩写为"JG"）、建筑材料行业标准（缩写为"JC"）、建工行业建设标准（缩写为"JGJ"）。按《标准化法》第十二条，"对没有推荐性国家标准、

---

① 徐伟.国际建筑节能标准研究[M].北京：中国建筑工业出版社，2012.
② 邹瑜，郭伟，汤亚军，等.建筑环境与节能标准体系现状与发展[J].建筑科学，2013，29（10）：10-19，40.
③ 《中华人民共和国标准化法》编写组.中华人民共和国标准化法 附新旧条文对照 2017最新修订版[M].北京：中国民主法制出版社，2017：3-4.

需要在全国某个行业范围内统一的技术要求，可以制定行业标准"[1]。

地方标准（缩写为"DB"）。《标准化法》第十三条规定"为满足地方自然条件、风俗习惯等特殊技术要求，可以制定地方标准"[2]。譬如北京市的地方标准编号开头为 DB 11，天津市的地方标准编号开头为 DB 12，江苏省的地方标准编号开头为 DB 32，浙江省的地方标准编号开头为 DB 33。

团体标准。建筑节能相关团体标准有：中国建筑节能协会标准（缩写为"CABEE"）、中国城市科学研究会标准（缩写为"CSUS"）、中国工程建设标准化协会标准（缩写为"CECS"）、中国建筑装饰协会标准（缩写为"CBDA"）。《标准化法》第十八条规定"国家鼓励学会、协会、商会、联合会、产业技术联盟等社会团体协调相关市场主体共同制定满足市场和创新需要的团体标准，由本团体成员约定采用或者按照本团体的规定供社会自愿采用"[3]。

2. 建筑节能标准的分类

如果说建筑节能标准可视为建筑节能工作的基础，按聚沙成塔的思路，建筑节能材料相关标准就是建筑节能标准的地基。但建筑节能相关标准研究上，设计标准方面的论文数量要远多于建筑节能材料。在知网分别输入"建筑节能 标准""建筑节能 材料标准""建筑节能设计标准"，进行搜索学术期刊论文，会发现材料标准和设计标准相关论文数量并不在一个数量级。不过总的说来，要认识这一大堆纷繁的建筑节能标准并不是件轻松的事情。此处给出三种简单的划分方法：按对象分类、按应用场景分类、按适用面分类（图 2-5）。

按标准相应的对象差异，建筑节能标准可分为三类。第一类是单一对象类标准，包括建材行业标准（JC）、部分建材类国家标准

---

[1]《中华人民共和国标准化法》编写组. 中华人民共和国标准化法 附新旧条文对照 2017 最新修订版 [M]. 北京：中国民主法制出版社，2017：4.
[2]《中华人民共和国标准化法》编写组. 中华人民共和国标准化法 附新旧条文对照 2017 最新修订版 [M]. 北京：中国民主法制出版社，2017：5.
[3]《中华人民共和国标准化法》编写组. 中华人民共和国标准化法 附新旧条文对照 2017 最新修订版 [M]. 北京：中国民主法制出版社，2017：6.

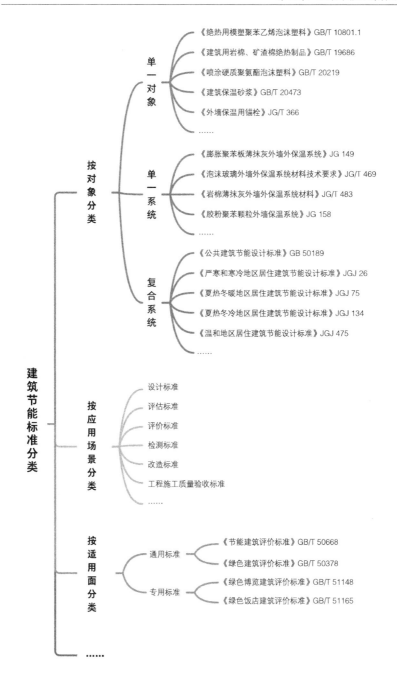

图 2-5 建筑节能标准分类示意图

（GB）、部分建材类建筑工业行业标准（JG），如《外墙保温用锚栓》JG/T 366、《玻纤增强聚氨酯节能门窗》JG/T 571等。第二类是单一系统类标准，是一部或多部基础类标准在技术层面支撑一类或一种建筑节能构造或建筑节能系统的建筑工业行业标准（JG）与建工行业建设标准（JGJ），如《膨胀聚苯板薄抹灰外墙外保温系统》JG 149、《胶粉聚苯颗粒外墙保温系统》JG 158等。第三类是复合系统类标准，则是在足够多的系统类之上支撑起的国家标准（GB）、地方标准（DB）与建工行业建设标准（JGJ），如《公共建筑节能设计标准》GB 50189、《严寒和寒冷地区居住建筑节能设计标准》JGJ 26等。

按应用场景不同，建筑节能标准也可划分为设计标准、评估标准、工程施工质量验收标准、评价标准、检测标准、改造标准，其他相关辅助标准，覆盖建筑设计、施工、改造、预评估、后评价等各环节、专业领域。其中又以建筑节能设计标准较为特殊。段宗志等认为"建筑节能的关键在于制定各项建筑节能标准"[①]。兰兵认为"建筑节能设计标准是一个国家节能政策和建筑技术发展水平的综合体现，也是一国建筑实践传统和经济发展水平的反映，同时也反映了一国的政治和经济制度。设计标准的编制与实施对于一个国家的建筑节能起着重要的先导作用"[②]。

如果按适用面不同，还可将复合系统类标准划分为通用标准与专用标准。邹瑜等[③]认为建筑环境与节能标准体系各专业领域由基础标准、通用标准和专用标准3个层次构成。郭伟等[④]在研究中将建筑节能系列标准分为基础标准、通用标准、专业标准（工程标准）和专业标准（产品标准）。常见的通用标准有《节能建筑评价标准》

[①] 段宗志，何长全，陈剑云，等. 浅论我国建筑节能存在的问题与对策[J]. 建筑管理现代，2007（6）：1-4.
[②] 兰兵. 中美建筑节能设计标准比较研究[D]. 武汉：华中科技大学，2014：191.
[③] 邹瑜，郭伟，汤亚军，等. 建筑环境与节能标准体系现状与发展[J]. 建筑科学，2013，29（10）：10-19，40.
[④] 郭伟，陈曦. 中国建筑节能技术标准体系现状研究[J]. 建筑节能，2013，41（9）：61-65.

GB/T 50668、《绿色建筑评价标准》GB/T 50378 等。常见的专用标准有《绿色博览建筑评价标准》GB/T 51148、《绿色饭店建筑评价标准》GB/T 51165 等。

行业协会自律组织制定的建筑节能相关标准，除了常见的建筑节能材料相关标准外，还有行业公约类标准。行业协会自律组织制定的建筑节能相关标准具有一定的多样性，充实了建筑节能相关标准体系。

2.2.2 其他规范性文件

由于还有众多技术文件发布在《标准化法》实施之前，所以现行各标准在命名上并非都以标准为名，还有以"规范""规程"为结尾的。此外，按"需要统一技术要求"这个标准发布主旨来理解，"导则""技术细则""技术目录""技术推广目录"等文件亦同属标准体系，如《绿色建筑评价技术细则》《绿色建筑技术导则》《建筑能效测评与标识技术导则》《既有建筑节能改造技术推广目录》《绿色建筑评价技术细则补充说明（规划设计部分）》《绿色建筑评价技术细则补充说明（运行使用部分）》《建设部"十一五"可再生能源建筑应用技术目录》《可再生能源建筑应用示范项目数据监测系统技术导则》（试行）和《国家机关办公建筑和大型公共建筑能源审计导则》等。此外，"通知""意见"等部门文件在印发时就直接划入了"节能减排"分类，标准类文件则被划入了"标准定额（标准科技）"分类。部分历年发布建筑节能相关规范性文件如表 2-4 至表 2-18 所示。

部分历年发布建筑节能相关规范性文件
（节能减排工作安排、规划）　　表 2-4

序号	文件名	文号	发文日期
1	国家发展改革委关于印发节能中长期专项规划的通知	发改环资〔2004〕2505 号	2004 年 11 月 10 日
2	国务院办公厅关于开展资源节约活动的通知	国办发〔2004〕30 号	2004 年 4 月 1 日

续表

序号	文件名	文号	发文日期
3	国务院关于加强节能工作的决定	国发〔2006〕28号	2006年8月6日
4	国务院关于印发节能减排综合性工作方案的通知	国发〔2007〕15号	2007年5月23日
5	国务院批转节能减排统计监测及考核实施方案和办法的通知	国发〔2007〕36号	2007年11月17日
6	国务院办公厅关于建立政府强制采购节能产品制度的通知	国办发〔2007〕51号	2007年7月30日
7	国务院办公厅关于印发2008年节能减排工作安排的通知	国办发〔2008〕80号	2008年7月15日
8	国务院办公厅关于印发2009年节能减排工作安排的通知	国办发〔2009〕48号	2009年7月19日
9	国务院关于进一步加大工作力度确保实现"十一五"节能减排目标的通知	国发〔2010〕12号	2010年5月5日
10	国务院关于印发"十二五"节能减排综合性工作方案的通知	国发〔2011〕26号	2011年8月31日
11	国务院关于印发节能减排"十二五"规划的通知	国发〔2012〕40号	2012年8月6日
12	国务院办公厅关于转发发展改革委住房城乡建设部绿色建筑行动方案的通知	国办发〔2013〕1号	2013年1月1日
13	国务院办公厅关于印发2014-2015年节能减排低碳发展行动方案的通知	国办发〔2014〕23号	2014年5月15日
14	中共中央 国务院关于加快推进生态文明建设的意见	国务院公报2015年第14号	2015年4月25日
15	国务院关于印发"十三五"节能减排综合工作方案的通知	国发〔2016〕74号	2016年12月20日
16	中共中央办公厅 国务院办公厅印发《关于推动城乡建设绿色发展的意见》的通知	中办发〔2021〕37号	2021年7月3日
17	国务院关于印发"十四五"节能减排综合工作方案的通知	国发〔2021〕33号	2021年12月28日

续表

序号	文件名	文号	发文日期
18	国家发展改革委 国家能源局关于完善能源绿色低碳转型体制机制和政策措施的意见	发改能源〔2022〕206号	2022年1月30日

部分历年发布建筑节能相关规范性文件
（建筑节能工作要点、计划、规划）

表 2-5

序号	文件名	文号	发文日期
1	建设部建筑节能"九五"计划和2010年规划	建办科〔1995〕80号	1995年5月11日
2	建设部建筑节能"十五"计划纲要	建科〔2002〕175号	2002年6月20日
3	关于做好2008年建设领域节能减排工作的实施意见	建科〔2008〕160号	2008年9月5日
4	住房和城乡建设部建筑节能与科技司关于印发《住房和城乡建设部建筑节能与科技司2009年工作要点》的通知	建科综函〔2009〕14号	2009年2月27日
5	住房和城乡建设部建筑节能与科技司关于印发《住房和城乡建设部建筑节能与科技司2010年重点工作》的通知	建科综函〔2010〕17号	2010年2月10日
6	住房和城乡建设部建筑节能与科技司关于印发《住房和城乡建设部建筑节能与科技司2011年重点工作》的通知	建科综函〔2011〕8号	2011年1月11日
7	住房和城乡建设部建筑节能与科技司关于印发《住房城乡建设部建筑节能与科技司2012年工作要点》的通知	建科综函〔2012〕17号	2012年2月14日
8	住房和城乡建设部关于印发《"十二五"建筑节能专项规划》的通知	建科〔2012〕72号	2012年5月9日
9	住房和城乡建设部建筑节能与科技司关于印发《住房城乡建设部建筑节能与科技司2013年工作要点》的通知	建科综函〔2013〕12号	2013年2月20日
10	住房城乡建设部关于印发《"十二五"绿色建筑和绿色生态城区发展规划》的通知	建科〔2013〕53号	2013年4月3日
11	关于印发《住房城乡建设部建筑节能与科技司2014年工作要点》的通知	建科综函〔2014〕22号	2014年2月28日

续表

序号	文件名	文号	发文日期
12	住房城乡建设部建筑节能与科技司关于印发《2015年工作要点》的通知	建科综函〔2015〕23号	2015年3月5日
13	住房城乡建设部关于印发《建筑节能与绿色建筑发展"十三五"规划》的通知	建科〔2017〕53号	2017年3月1日
14	住房城乡建设部建筑节能与科技司关于印发《2017年工作要点》的通知	建科综函〔2017〕17号	2017年3月1日
15	住房城乡建设部建筑节能与科技司关于印发《2018年工作要点》的通知	建科综函〔2018〕20号	2018年3月27日
16	住房和城乡建设部关于印发《"十四五"建筑节能与绿色建筑发展规划》的通知	建标〔2022〕24号	2022年3月1日

部分历年发布建筑节能相关规范性文件（节能建材） 表2-6

序号	文件名	文号	发文日期
1	国务院批转国家建材局等部门关于加快墙体材料革新和推广节能建筑意见的通知	国发〔1992〕66号	1992年11月9日
2	国务院办公厅关于进一步推进墙体材料革新和推广节能建筑的通知	国办发〔2005〕33号	2005年7月30日
3	住房和城乡建设部关于进一步加强建筑门窗节能性能标识工作的通知	建科〔2010〕93号	2010年6月18日
4	国家发展改革委关于印发"十二五"墙体材料革新指导意见的通知	发改环资〔2011〕2437号	2011年11月15日
5	住房城乡建设部办公厅 工业和信息化部办公厅关于成立绿色建材推广和应用协调组的通知	建办科〔2013〕30号	2013年9月24日
6	住房城乡建设部 工业和信息化部关于印发《绿色建材评价标识管理办法》的通知	建科〔2014〕75号	2014年5月21日
7	工业和信息化部 住房城乡建设部关于印发《促进绿色建材生产和应用行动方案》的通知	工信部联原〔2015〕309号	2015年8月31日

续表

序号	文件名	文号	发文日期
8	住房城乡建设部 工业和信息化部关于印发《绿色建材评价标识管理办法实施细则》和《绿色建材评价技术导则（试行）》的通知	建科〔2015〕162号	2015年10月14日
9	关于政府采购支持绿色建材促进建筑品质提升试点工作的通知	财库〔2020〕31号	2022年10月13日
10	关于扩大政府采购支持绿色建材促进建筑品质提升政策实施范围的通知	财库〔2022〕35号	2020年10月12日

部分历年发布建筑节能相关规范性文件（建筑节能试点示范） 表2-7

序号	文件名	文号	发文日期
1	关于印发《建设部建筑节能试点示范工程（小区）管理办法》的通知	建科〔2004〕25号	2004年2月11日
2	住房和城乡建设部关于扩大农村危房改造试点建筑节能示范的实施意见	建村函〔2009〕167号	2009年7月21日
3	住房和城乡建设部关于印发《扩大农村危房改造试点建筑节能示范监督检查工作要求》的通知	建村函〔2010〕165号	2010年7月2日
4	住房和城乡建设部关于印发《住房和城乡建设部低碳生态试点城（镇）申报管理暂行办法》的通知	建规〔2011〕78号	2011年6月4日
5	关于印发《农村危房改造试点建筑节能示范工作省级年度考核评价指标（试行）》的通知	建村〔2011〕106号	2011年7月18日

部分历年发布建筑节能相关规范性文件（公共建筑节能） 表2-8

序号	文件名	文号	发文日期
1	关于发展节能省地型住宅和公共建筑的指导意见	建科〔2005〕78号	2005年5月31日
2	关于加强大型公共建筑工程建设管理的若干意见	建质〔2007〕1号	2007年1月5日
3	国务院办公厅关于严格执行公共建筑空调温度控制标准的通知	国办发〔2007〕42号	2007年6月1日

续表

序号	文件名	文号	发文日期
4	关于加强国家机关办公建筑和大型公共建筑节能管理工作的实施意见	建科〔2007〕245号	2007年10月23日
5	国家机关办公建筑和大型公共建筑节能专项资金管理暂行办法	财教〔2007〕558号	2007年10月24日
6	关于印发《国家机关办公建筑和大型公共建筑能源审计导则》的通知	建科〔2007〕249号	2007年10月31日
7	住房和城乡建设部关于切实加强政府办公和大型公共建筑节能管理工作的通知	建科〔2010〕90号	2010年6月10日
8	财政部 住房城乡建设部关于进一步推进公共建筑节能工作的通知	财建〔2011〕207号	2011年5月4日
9	住房城乡建设部办公厅关于印发《公共建筑能源审计导则》的通知	建办科〔2016〕65号	2016年12月2日

部分历年发布建筑节能相关规范性文件（绿色建筑） 表2-9

序号	文件名	文号	发文日期
1	关于印发《绿色建筑评价标识管理办法》（试行）的通知	建科〔2007〕206号	2007年8月21日
2	关于印发《绿色建筑评价标识实施细则（试行修订）》等文件的通知	建科综〔2008〕61号	2008年10月10日
3	住房城乡建设部关于印发被动式超低能耗绿色建筑技术导则（试行）（居住建筑）的通知	建科〔2015〕179号	2015年11月10日
4	住房和城乡建设部关于印发绿色建筑标识管理办法的通知	建标规〔2021〕1号	2021年1月8日
5	住房城乡建设部办公厅关于加强绿色建筑评价标识管理和备案工作的通知	建办科〔2012〕47号	2012年12月27日
6	住房城乡建设部办公厅关于绿色建筑评价标识管理有关工作的通知	建办科〔2015〕53号	2015年10月21日
7	住房城乡建设部关于保障性住房实施绿色建筑行动的通知	建办〔2013〕185号	2013年12月16日

续表

序号	文件名	文号	发文日期
8	住房和城乡建设部 国家发展改革委 教育部 工业和信息化部 人民银行 国管局 银保监会关于印发绿色建筑创建行动方案的通知	建标〔2020〕65号	2020年7月15日
9	住房和城乡建设部办公厅关于发布绿色建筑标识式样的通知	建办标〔2021〕36号	2021年7月16日

部分历年发布建筑节能相关规范性文件（节能改造） 表2-10

序号	文件名	文号	发文日期
1	关于印发《北方采暖区既有居住建筑供热计量及节能改造奖励资金管理暂行办法》的通知	财建〔2007〕957号	2007年12月20日
2	关于印发《北方采暖地区既有居住建筑供热计量及节能改造技术导则》（试行）的通知	建科〔2008〕126号	2008年7月10日
3	关于印发《北方采暖地区既有居住建筑供热计量改造工程验收办法》的通知	建城〔2008〕211号	2008年11月6日
4	国务院办公厅转发发展改革委等部门关于加快推行合同能源管理促进节能服务产业发展意见的通知	国办发〔2010〕25号	2010年4月5日
5	关于印发《村镇宜居型住宅技术推广目录》和《既有建筑节能改造技术推广目录》的通知	建科研函〔2010〕74号	2010年5月21日
6	关于印发《合同能源管理项目财政奖励资金管理暂行办法》的通知	财建〔2010〕249号	2010年6月3日
7	关于对《关于印发〈村镇宜居型住宅技术推广目录〉和〈既有建筑节能改造技术推广目录〉的通知》的补充通知	建科研函〔2010〕112号	2010年7月16日
8	关于印发既有居住建筑节能改造指南的通知	建办科函〔2012〕75号	2012年1月29日
9	关于推进夏热冬冷地区既有居住建筑节能改造的实施意见	建科〔2012〕55号	2012年4月1日

部分历年发布建筑节能相关规范性文件（消防安全） 表2-11

序号	文件名	文号	发文日期
1	关于印发《民用建筑外保温系统及外墙装饰防火暂行规定》的通知	公通字〔2009〕46号	2009年9月25日
2	关于进一步加强建筑施工消防安全工作的通知	建质电〔2010〕53号	2010年11月18日
3	关于进一步明确民用建筑外保温材料消防监督管理有关要求的通知	公消〔2011〕65号	2011年3月14日
4	国务院关于加强和改进消防工作的意见	国发〔2011〕46号	2011年12月30日
5	公安部关于修改《建设工程消防监督管理规定》的决定	中华人民共和国公安部令第119号	2012年7月17日
6	关于民用建筑外保温材料消防监督管理有关事项的通知	公消〔2012〕350号	2012年12月3日
7	住房城乡建设部关于发布国家标准《建筑设计防火规范》的公告	住房和城乡建设部公告第517号	2014年8月27日
8	住房城乡建设部关于发布国家标准《建筑设计防火规范》局部修订的公告	住房和城乡建设部公告2018第35号	2018年3月30日

部分历年发布建筑节能相关规范性文件（可再生能源规划） 表2-12

序号	文件名	文号	发文日期
1	关于印发《新能源和可再生能源产业发展"十五"规划》的通知	国经贸资源〔2001〕1020号	2001年10月10日
2	国家发展改革委关于印发可再生能源中长期发展规划的通知	发改能源〔2007〕2174号	2007年8月31日
3	国家发展改革委关于印发可再生能源发展"十一五"规划的通知	发改能源〔2008〕610号	2008年3月3日
4	可再生能源发展"十二五"规划	—	2012年8月6日
5	国家发展改革委关于印发《可再生能源发展"十三五"规划》的通知	发改能源〔2016〕2619号	2016年12月10日

续表

序号	文件名	文号	发文日期
6	国家发展改革委 国家能源局 财政部 自然资源部 生态环境部 住房和城乡建设部 农业农村部 中国气象局 国家林业和草原局关于印发"十四五"可再生能源发展规划的通知	发改能源〔2021〕1445号	2021年10月21日

部分历年发布建筑节能相关规范性文件（可再生能源） 表2-13

序号	文件名	文号	发文日期
1	建设部、财政部关于推进可再生能源在建筑中应用的实施意见	建科〔2006〕213号	2006年8月25日
2	财政部 建设部关于印发《可再生能源建筑应用示范项目评审办法》的通知	财建〔2006〕459号	2006年9月4日
3	财政部 建设部关于印发《可再生能源建筑应用专项资金管理暂行办法》的通知	财建〔2006〕460号	2006年9月4日
4	财政部 建设部关于加强可再生能源建筑应用示范管理的通知	财建〔2007〕38号	2007年2月13日
5	关于印发《建设部"十一五"可再生能源建筑应用技术目录》的通知	建科〔2007〕216号	2007年8月30日
6	财政部 住房城乡建设部关于印发《可再生能源建筑应用城市示范实施方案》的通知	财建〔2009〕305号	2009年7月6日
7	财政部 住房城乡建设部关于印发《加快推进农村地区可再生能源建筑应用的实施方案》的通知	财建〔2009〕306号	2009年7月6日
8	关于印发《可再生能源建筑应用示范项目数据监测系统技术导则》（试行）的通知	建科节函〔2009〕146号	2009年11月12日
9	财政部住房城乡建设部关于加强可再生能源建筑应用城市示范和农村地区县级示范管理的通知	财建〔2010〕455号	2010年8月4日

续表

序号	文件名	文号	发文日期
10	财政部 住房城乡建设部关于加强可再生能源建筑应用示范后续工作及预算执行管理的通知	财建〔2010〕484号	2010年8月16日
11	财政部 住房城乡建设部关于进一步推进可再生能源建筑应用的通知	财建〔2011〕61号	2011年3月8日
12	财政部 住房城乡建设部关于完善可再生能源建筑应用政策及调整资金分配管理方式的通知	财建〔2012〕604号	2012年8月21日
13	关于印发《可再生能源发展专项资金管理暂行办法》的通知	财建〔2015〕87号	2015年4月2日
14	关于《可再生能源发展专项资金管理暂行办法》的补充通知	财建〔2019〕298号	2019年6月20日

部分历年发布建筑节能相关规范性文件（可再生能源：太阳能） 表2-14

序号	文件名	文号	发文日期
1	财政部 住房城乡建设部关于加快推进太阳能光电建筑应用的实施意见	财建〔2009〕128号	2009年4月2日
2	关于印发《太阳能光电建筑应用财政补助资金管理暂行办法》的通知	财建〔2009〕129号	2009年3月23日
3	关于加强金太阳示范工程和太阳能光电建筑应用示范工程建设管理的通知	财建〔2010〕662号	2010年10月11日
4	关于组织实施太阳能光电建筑应用一体化示范的通知	财办建〔2011〕9号	2011年1月27日
5	关于组织实施2012年度太阳能光电建筑应用示范的通知	财办建〔2011〕187号	2011年12月16日

部分历年发布建筑节能相关规范性文件（监督检查） 表2-15

序号	文件名	文号	发文日期
1	关于加强民用建筑工程项目建筑节能审查工作的通知	建科〔2004〕174号	2004年10月12日
2	关于进一步加强建筑节能标准实施监管工作的通知	建办市〔2005〕68号	2005年8月18日

续表

序号	文件名	文号	发文日期
3	关于开展建设领域节能减排监督检查工作的通知	建办科函〔2007〕728号	2007年11月22日
4	关于加强建筑节能材料和产品质量监督管理的通知	建科〔2008〕147号	2008年8月20日
5	关于开展建设领域节能减排监督检查工作的通知	建办科函〔2008〕781号	2008年12月8日
6	关于开展2009年住房城乡建设领域节能减排专项监督检查的通知	建办科函〔2009〕992号	2009年11月24日
7	关于开展2010年住房城乡建设领域节能减排专项监督检查的通知	建办科函〔2010〕905号	2010年12月2日
8	关于组织开展2011年度住房城乡建设领域节能减排专项监督检查的通知	建办科〔2011〕70号	2011年11月28日
9	住房城乡建设部办公厅关于组织开展2012年度住房城乡建设领域节能减排监督检查的通知	建办科〔2012〕43号	2012年11月23日
10	住房城乡建设部办公厅关于开展2013年度住房城乡建设领域节能减排监督检查的通知	建办科函〔2013〕715号	2013年12月3日
11	住房城乡建设部办公厅关于开展2014年度建筑节能与绿色建筑行动实施情况专项检查的通知	建办科函〔2014〕627号	2014年10月20日
12	住房城乡建设部办公厅关于开展2015年度建筑节能与绿色建筑行动实施情况专项检查的通知	建办科函〔2015〕987号	2015年11月5日
13	住房城乡建设部办公厅关于开展2016年度建筑节能、绿色建筑与装配式建筑实施情况专项检查的通知	建办科函〔2016〕1054号	2016年12月5日
14	住房城乡建设部办公厅关于开展2017年度建筑节能、绿色建筑与装配式建筑实施情况专项检查的通知	建办科函〔2018〕36号	2018年1月18日

部分历年发布建筑节能相关规范性文件(人才支持)　　表 2-16

序号	文件名	文号	发文日期
1	关于举办绿色建筑评价标识专家培训会的通知	建科综函〔2011〕158号	2011年7月1日
2	关于举办绿色建筑评价标识专家培训会的通知	建科综函〔2011〕214号	2011年10月10日
3	关于举办绿色建筑评价标识专家培训会的通知	建科综函〔2012〕108号	2012年7月2日
4	关于举办绿色建筑评价标识专家培训会的通知	建科综函〔2012〕191号	2012年10月11日
5	住房城乡建设部办公厅关于举办专业技术人才知识更新工程建筑节能与低碳城市建设高级研修班的通知	建办人函〔2013〕264号	2013年4月26日
6	住房城乡建设部办公厅关于举办专业技术人才知识更新工程建筑节能与低碳城市建设高级研修班的通知	建办人函〔2014〕300号	2014年5月26日
7	住房和城乡建设部办公厅关于成立部科学技术委员会建筑节能与绿色建筑专业委员会的通知	建办人〔2019〕52号	2019年9月5日

部分历年发布建筑节能相关规范性文件(激励优秀)　　表 2-17

序号	文件名	文号	发文日期
1	关于印发《全国绿色建筑创新奖管理办法》的通知	建科函〔2004〕183号	2004年8月27日
2	关于印发《全国绿色建筑创新奖实施细则(试行)》的通知	建科〔2004〕177号	2004年10月18日
3	关于印发《全国绿色建筑创新奖实施细则》和《全国绿色建筑创新奖评审标准》的通知	建科〔2010〕216号	2010年12月23日

部分历年发布建筑节能相关规范性文件(工作办法、指导意见) 表2-18

序号	文件名	文号	发文日期
1	关于基本建设和技术改造工程项目可行性研究报告增列"节能篇(章)"的暂行规定	计资源(1992)1959号	—
2	建设部、国家计委关于加强城市供热规划管理工作的通知	建城(1995)126号	1995年3月14日
3	国家计委、国家经贸委、建设部印发《关于固定资产投资工程项目可行性研究报告"节能篇(章)"编制及评估的规定》的通知	计交能(1997)2542号	1997年12月19日
4	关于发展热电联产的若干规定	计交能(1998)第220号	1998年2月17日
5	关于贯彻《国务院办公厅关于开展资源节约活动的通知》的意见	建科〔2004〕87号	2004年5月21日
6	关于发展节能省地型住宅和公共建筑的指导意见	建科〔2005〕78号	2005年5月31日
7	建设部关于贯彻《国务院关于加强节能工作的决定》的实施意见	建科〔2006〕231号	2006年9月15日
8	关于印发《建设部关于落实<国务院关于印发节能减排综合性工作方案的通知>的实施方案》的通知	建科〔2007〕159号	2007年6月26日
9	关于印发《民用建筑能耗统计报表制度》(试行)的通知	建科函〔2007〕271号	2007年8月08日
10	关于试行民用建筑能效测评标识制度的通知	建科〔2008〕80号	2008年4月28日
11	关于印发《民用建筑节能信息公示办法》的通知	建科〔2008〕116号	2008年6月26日
12	关于新建居住建筑严格执行节能设计标准的通知	建科〔2005〕55号	2005年4月15日
13	关于印发《民用建筑工程节能质量监督管理办法》的通知	建质〔2006〕192号	2006年7月31日
14	关于进一步加大工作力度确保完成"十一五"建筑节能任务的通知	建科〔2010〕73号	2010年5月14日
15	关于印发《绿色低碳重点小城镇建设评价指标(试行)》的通知	建村〔2011〕144号	2011年9月13日

续表

序号	文件名	文号	发文日期
16	关于印发住房城乡建设部关于落实《国务院关于印发"十二五"节能减排综合性工作方案的通知》的实施方案的通知	建科〔2011〕194号	2011年12月1日
17	住房城乡建设部 工业和信息化部关于开展绿色农房建设的通知	建村〔2013〕190号	2013年12月18日
18	住房城乡建设部关于落实国家新型城镇化规划完善工程建设标准体系的意见	建标〔2014〕139号	2014年9月22日
19	住房城乡建设部关于印发《民用建筑能耗统计报表制度》的通知	建科〔2015〕205号	2015年12月21日
20	关于印发《热电联产管理办法》的通知	发改能源〔2016〕617号	2016年3月22日
21	住房和城乡建设部等15部门关于加强县城绿色低碳建设的意见	建村〔2021〕45号	2021年5月25日
22	住房和城乡建设部 应急管理部关于加强超高层建筑规划建设管理的通知	建科〔2021〕76号	2021年10月22日
23	住房和城乡建设部 国家发展改革委关于印发城乡建设领域碳达峰实施方案的通知	建标〔2022〕53号	2022年6月30日
24	国家发展改革委关于印发"十四五"新型城镇化实施方案的通知	发改规划〔2022〕960号	2022年6月21日

2.3 小结

如果说建筑节能材料在建筑活动中的闭环，需要在规范性文件上闭环生产标准、设计标准、施工标准、验收标准，那么建筑节能政策的闭环就离不开各个层面政策的确立。换句话说，法律、法规（行政法规、地方性法规、自治法规）、规章（部门规章、地方政府规章）形成了建筑节能政策体系的主构架，规范性文件（标准）则是这个大型政策体系的血肉，两者有机互联，不可分割。有主次，有先后，有导向，有具体，整个政策体系方得以如身使臂，如臂使指。

从应用实施层向上溯源，以建筑节能设计与新型墙体材料为锚点，向产业链上端衍生出建筑节能软件与建筑节能材料，向产业链下端衍生出建筑节能（新建、改建、扩建、改造）施工、建筑节能验收、建筑节能管理、建筑节能监测（建筑能耗监测）等细分板块，且相互联系，形成了建筑节能业务体系，或称建筑节能产业链。建筑节能作为建筑行业的一部分，其管理与活动受政策制约。因此，为了对建筑节能产业进行治理，并对利益相关方提供社会服务，日积月累不断发展，最终形成了建筑节能政策体系。

从政策目标向下检视，将建筑领域各项公共政策作为查验对象，以是否有利于节能减排为查验内容。可以看到在此价值导向下，节能建筑政策、绿色建筑政策、绿色生态城区政策、墙体材料革新政策、绿色建材政策、低碳生态试点城政策、超低能耗建筑政策、太阳能光电建筑政策分别侧重于建筑领域不同的方向与内容的节能减排。虽有所差异，但理念同源，且相互扶持抑或相互促进，聚枝成簇，形成了建筑节能政策体系。

但建筑节能政策体系并不是一天就构筑出来的，而是在实践中不断完善前行的。一是部门联动强化，比如新能源和可再生能源在建筑节能工作中应用，就是在国务院办公厅与国家发展和改革委员会的上位文件推动下，在财政部的补助与奖励资金文件支持下，实现了从试点、示范到面上落实（表2-12 ~ 表2-14）；又比如墙体材料革新受益于国务院办公厅文件支持，绿色建材受益于工业和信息化部联合发文支持（表2-6）。二是渐进式规范化，比如既有居住建筑的节能改造（表2-10），一路将节能改造的规范性文件由"技术推广目录"推进到"指南"后，顺势将《既有采暖居住建筑节能改造技术规程》迭代为《既有居住建筑节能改造技术规程》[1]，另一路上承

---

[1] 住房和城乡建设部.住房城乡建设部关于发布行业标准《既有居住建筑节能改造技术规程》的公告 [EB/OL].（2013-01-06）[2022-11-24].https://www.mohurd.gov.cn/gongkai/zhengce/zhengcefilelib/201301/20130106_212475.html.

《国务院关于印发"十二五"节能减排综合性工作方案的通知》[①] 的文件精神,印发《关于推进夏热冬冷地区既有居住建筑节能改造的实施意见》[②],发布针对夏热冬冷地区的特定技术导则[③]。两路并举,实现了全局和局部的策略升华。三是补丁式修正,比如建筑保温材料的消防安全问题应对策略变迁(表 2-11)。但在建筑节能政策体系完善的实际工作中并不一定都划分得如此清晰,时常会是两种或三种形式同时出现。

[①] 中国政府网. 国务院关于印发"十二五"节能减排综合性工作方案的通知 [EB/OL].(2011-09-07)[2022-11-24].http://www.gov.cn/zwgk/2011/09/07/content_1941731.htm.
[②] 住房和城乡建设部,财政部. 关于推进夏热冬冷地区既有居住建筑节能改造的实施意见 [EB/OL].(2021-04-01)[2022-11-24].https://www.mohurd.gov.cn/gongkai/zhengce/zhengcefilelib/201204/20120417_209535.html.
[③] 住房和城乡建设部. 住房城乡建设部关于印发夏热冬冷地区既有居住建筑节能改造技术导则(试行)的通知 [EB/OL].(2013-01-05)[2022-11-24].https://www.mohurd.gov.cn/gongkai/zhengce/zhengcefilelib/201301/20130105_212453.html.

第3章 建筑节能政策的演进

建筑节能政策的演进环境与城乡建设绿色发展有着密不可分的关系，城市与乡村的节能减排有赖于"建筑"这个基本的城乡建设单元，不管是在建筑材料，还是在建筑物的运营或者建筑拆除后产生的废弃物的处置问题上所体现的节能减排，都是城乡建设绿色发展的重要一步。换句话说，建筑节能政策的演进是将生态文明理念融入住房和城乡建设、融入建筑行业发展的过程，也是生态文明建设与经济建设逐渐协调的过程。在此过程中，建筑材料逐步走向绿色化，建筑运营逐步走向低碳化，建筑废弃物逐步走向资源化，以建筑物全寿命周期的节能减排能力提升来回应行业发展面临资源、环境、生态等问题，从而推动建筑产业的可持续化发展、高质量发展。

3.1 阶段划分

早在新中国成立初期，党和政府就提出了"适用、经济、在可能条件下注意美观"的建筑方针[1]，其中"经济"一词，就包含了通过节约土地和节约能源来节约自然资源的意思[2]。不过有史可查的建筑节能政策要到20世纪80年代初才出现。至于建筑节能政策演进的阶段划分，相关研究并不多，只有一些专家学者陆续发表了自己的观点，如唐曙光[3]、宋琳琳[4]、邹瑜[5]、韩国清[6]、

---

[1] 张祖刚.适用·经济·美观的双重意义[J].建筑学报，2004（8）：47-49.
[2] 李浩霞，刘海霞，宋艳萍，等.基于安全、适用、经济、美观的建筑创作思考[J].江汉石油学院学报，1999（2）：102-103.
[3] 唐曙光.我国建筑节能技术政策研究[J].中外建筑，2007（4）：80-83.
[4] 宋琳琳.中国建筑节能政策网络研究[M].沈阳：辽宁人民出版社，2012：65-72.
[5] 邹瑜，郎四维，徐伟，等.中国建筑节能标准发展历程及展望[J].建筑科学，2016，32（12）：1-5，12.
[6] 韩国清，吴景山，王海霞.我国建筑节能立法研究与建议[J].建筑，2020（13）：28-31.

何贝[①]、徐伟[②]等。以20世纪90年代初之前的时间是否划分为两个阶段为区别，整体可按三个阶段或四个阶段进行划分。

3.1.1 萌芽期

建筑节能政策的萌芽期（1980~1987年），又称研究准备阶段、探索阶段，即建筑节能政策最初形成时期。建筑节能工作内容多为前期研究。多数观点认为本阶段开始于20世纪80年代初，并以《民用建筑节能设计标准（采暖居住建筑部分）》JGJ 26—1986的颁布实施时间为重要节点。其实，早在1980年8月30日，在第五届全国人民代表大会第三次会议上公布的《关于1980、1981年国民经济计划安排的报告》中，就提出了"实行能源的开发和节约并重，近期要把节能放在优先的地位，大力开展以节能为中心的技术改造和结构改革"，重点支持新型建筑材料的发展[③]。所以，将此次会议作为建筑节能政策的起点也是完全讲得通的。但本阶段的结束时间并无一致观点，按不同区分意见，有1985年、1986年、1987年三种说法。从原城乡建设环境保护部颁发的《城市建设节能能源管理实施细则》[④]内容来看，以1987年为分界点更为合适。该细则上承1986年颁布的《节约能源管理暂行条例》，对城市建设节能的管理体系及配套的奖惩措施进行了明确。

3.1.2 成长期

建筑节能政策的成长期（1988~1992年），又称起步阶段、推广阶段、试点示范阶段，即建筑节能政策的发育期。建筑节能政策

[①] 何贝. 中国建筑节能政策体系评价及优化策略研究 [M]. 北京：经济管理出版社，2020：62-66.
[②] 徐伟. 近零能耗建筑技术 [M]. 北京：中国建筑工业出版社，2021：4.
[③] 中国政府网. 关于1980、1981年国民经济计划安排的报告 [EB/OL].(2008-03-11)[2022-11-24]. http://www.gov.cn/test/2008-03/11/content_916369.htm.
[④] 云南省生态环境厅. 城乡建设环境保护部关于颁发《城市建设节约能源管理实施细则》的通知 [EB/OL].（2005-11-04）[2022-11-24].https://sthjt.yn.gov.cn/zcfg/guizhang/gjgz/200511/t20051104_13661.html.

开始走向多样化,这段时间里出现了《采暖通风与空气调节设计规范》GBJ 19—87(1988年8月1日起施行),也出现了《关于加快墙体材料革新与推广节能建筑的意见》(以下简称"国务院66号文")这样重量级的政策文件。国务院66号文作为1981年后国务院颁布建材行业内容的唯一文件,一方面强调了"墙体材料革新和建筑节能工作不仅对节约能源、改善建筑功能具有重大意义,而且是保护耕地、保护环境的重要措施"[1];另一方面也是对1988年11月以来在哈尔滨市、成都市、江苏省进行墙体材料革新与建筑节能试点工作的总结和肯定,更是对这项工作后续的部署和要求。同时意味着该文件出台以后,这项工作从此往后不仅是原国家建材局、原建设部、原农业部、原国家土地局联合墙体材料革新与建筑节能领导小组的任务,也是需要自上而下贯彻执行的政府工作。此外,20世纪80年代的调研资料显示,采暖地区的建筑采暖耗能已超过全社会能源消耗的20%,甚至在有些严寒地区的建筑采暖耗能高达50%左右[2]。所以,墙体材料革新和建筑节能工作已不是可干可不干或愿干不愿干的问题,而是必须要干,而且要干出成效来[3]。也还是1988年,建设部建筑节能对策编写组编写的《关于建筑节能的对策(意见征求稿)》刊登在《建筑技术》上,该文从我国建筑用能量情况的估算出发,分析了我国建筑的现状和耗能多的原因,预测了此后建筑用能的发展趋势,得出建筑节能势在必行的结论。此外,还对我国建筑节能提出了7项措施,以及为保障措施实施所必须采取的"制订建筑节能条例、制订建筑节能标准、建立建筑节能监督检验系统、实行建筑节能改造的经济资助政策、推行节能产品、推行节能承包制"6

---

[1] 中国政府网.国务院批转国家建材局等部门关于加快墙体材料革新和推广节能建筑意见的通知[EB/OL].(1992-11-09)[2022-11-24].http://www.gov.cn/zhengce/content/2016-10/20/content_5122080.htm.
[2] 中国建筑科学研究院.中国建筑节能标准回顾与展望[M].北京:中国建筑工业出版社,2017:71.
[3] 陈福广.认真贯彻国务院66号文件 推动墙体材料革新和建筑节能工作广泛深入地开展[J].中国建材,1993(9):3-8.

项技术经济政策[①]。而1991年4月16日颁布的《中华人民共和国固定资产投资方向调节税暂行条例》是这一时期重要的激励政策，条例将符合《民用建筑节能设计标准（采暖居住建筑部分）》的北方节能住宅的固定资产投资方向调节税税率设定为0[②]。此外，由于锚定的建筑节能政策不同，本阶段的结束时间亦有1992年、1994年、1995年三种说法。但从政策意义看，以国务院66号文的发文时间，即1992年为阶段结束时间更为妥当。此外1992年也是在北京、河北、辽宁、甘肃、宁夏等地开展了8个城市的建筑节能试点工程和试点小区建设的起始年份。

3.1.3 成熟期

建筑节能政策的成熟期（1993～2005年），又称逐步发展阶段、体制建立及研发投入阶段、体制建立阶段、稳步发展阶段。本阶段开始的重要标志是原国家计委、原国务院经贸办、原建设部联合下达的《印发〈关于基本建设和技术改造工程项目可行性研究报告增列"节能篇（章）"的暂行规定〉的通知》（计资源〔1992〕1959号）。此文件规定自1993年1月1日起，"从固定资产投资项目的提出、论证和立项审批就首先要对节能进行专题论证、设计和审批"[③]，这意味着在建筑领域的节能工程化又前行了一步。此外该文件还在第七条规定了"凡尚未制定建设标准、设计规范或在建设标准、设计规范中没有节能要求的行业，应在1993年底前完成制定或修订工作，提出有关合理利用和节约能源的具体要求。对现有建设标准、设计规范中有关合理利用能源和节能的具体要求，要根据执行情况，适时修订"[④]，这也是对建筑节能标准制定与修订工作需要继续加强的指

[①] 关于建筑节能的对策（征求意见稿）[J]. 建筑技术，1988（6）：2-5.
[②] 国家税务总局. 中华人民共和国固定资产投资方向调节税暂行条例[EB/OL]. （1991-04-16）[2022-11-24].http://www.chinatax.gov.cn/chinatax/n810341/n810825/c101434/c74366/content.html.
[③] 韩爱兴. 我国建筑节能工作的状况及展望[J]. 建筑知识，1999（6）：8-10.
[④] 关于基本建设和技术改造工程项目可行性研究报告增列"节能篇（章）"的暂行规定[J]. 节能，1993（3）：39.

示。在1997年的《节约能源法》颁发后,上述暂行规定修订为《关于固定资产投资工程项目可行性研究报告"节能篇(章)"编制及评估的规定》,并明确了建筑节能类专篇的内容与有关节能设计标准及技术规定目录[①]。1998年2月,原建设部会同原国家计委、原国家经贸委、原电力工业部印发《关于发展热电联产的若干规定》,从节约能源、改善环境和提高供热质量的角度,进一步加强了城市供热管理[②]。2000年10月1日,第一版《民用建筑节能管理规定》开始施行,此版本的规定仅覆盖了新建、扩建的旅游旅馆与严寒和寒冷地区居住建筑及两者的附属设施。2002年6月20日,《建设部建筑节能"十五"计划纲要》印发,明确建筑节能坚持"资源开发与节约并举,把节约放在首位,提高资源利用率"的工作方针,明确坚持节约建筑用能与改善建筑热环境(提高建筑热舒适程度)、改善大气环境(改善城市大气环境并减少二氧化碳排放)、开发新能源与可再生能源(优化能源结构,开源与节流相结合)、墙体改革(与建筑节能相辅相成)相结合,明确坚持加强建筑围护结构保温隔热与改善采暖空调系统相结合(空调系统的能效也要提高,让建筑节能出实效),明确坚持政府对节能的宏观调控引导与市场机制对节能的促进作用相结合(要使节能政策和法规与市场经济的要求相适应,重视实际经济利益)[③]。这几项要坚持的工作原则,对此后的建筑节能工作奠定了基调,也产生了积极且长远的作用。2003年7月21日,八部委印发《关于城镇供热体制改革试点工作的指导意见》,意味着此后将停止福利供热,实行用热商品化、货币化,并逐步实行按用热量计量收费制度,且继续加大新型墙体材料、建筑节能技术的推广应用和推进城镇现有

---

① 关于固定资产投资工程项目可行性研究报告"节能篇(章)"编制及评估的规定[J].中国建设信息,1998(3):41-42,46.
② 国家能源局.关于发展热电联产的若干规定[EB/OL].(2011-08-179)[2022-11-24].http://www.nea.gov.cn/2011-08/17/c_131053079.htm.
③ 住房和城乡建设部.关于印发《建设部建筑节能"十五"计划纲要》的通知[EB/OL].(2005-06-03)[2022-11-24].https://www.mohurd.gov.cn/gongkai/zhengce/zhengcefilelib/200506/20050603_158478.html.

住宅节能改造和供热采暖设施改造[1]。该阶段又以是否涵盖《公共建筑节能设计标准》GB 50189—2005 为区别，结束时间亦有 2004 年和 2005 年两种观点。从上位法变动来看，以《民用建筑节能管理规定》的修订时间，即 2005 年作为本阶段的结束更为妥当。

3.1.4 全面推进期

建筑节能政策的全面推进期（2006 年至今），又称体制完善阶段、成果转化阶段或快速发展阶段。2006 年 1 月 1 日起施行第二版《民用建筑节能管理规定》，不再局限建筑物所在的气候区，且建筑类型也扩展到了所有的民用建筑。本阶段颁布实施的重要政策文件还有同样在 2006 年 1 月 1 日起施行的 2005 版《可再生能源法》等。该阶段的重要标志也包括《民用建筑节能条例》《公共机构节能条例》以及《节约能源法》修订版等政策的颁布实施。依然是在 2006 年，国务院印发《国家中长期科学和技术发展规划纲要（2006—2020 年）》，将城镇化与城市发展领域的建筑节能与绿色建筑列为优先主题[2]。与此同时，为了引领建筑技术发展，进一步拓展和优化建筑节能，还启动了绿色建筑评价工作，结束了长期依赖国外标准进行绿色建筑评价的历史。2008 年 4 月 1 日，修订后的《节约能源法》开始施行，该法是"加强节能减排工作的重要法律依据，也是促进建筑节能工作走上规范化、法制化轨道的重要法律保障，对在新的历史时期规范和指导建筑节能工作具有十分重要的现实意义和长远的历史意义"[3]。2008 年 10 月 1 日，《民用建筑节能条例》也开始施行，其不仅全面推进了建筑节能工作，也推动了全国建筑节能工作法制化，"形成了以《节约能源法》为上位法，《民用建筑节能条例》为主体，地方法律法规

---

[1] 中国政府网. 八部委印发城镇供热体制改革试点工作的指导意见 [EB/OL]. （2005-12-18）[2022-11-24].http://www.gov.cn/gzdt/2005-12/18/content_130300.htm.
[2] 国务院办公厅. 国家中长期科学和技术发展规划纲要（2006—2020 年）[EB/OL].（2006-02-09）[2022-11-24].http://www.gov.cn/gongbao/content/2006/content_240244.htm.
[3] 住房和城乡建设部. 贯彻节约能源法，推动建筑节能和绿色建筑 [EB/OL].（2007-11-19）[2022-11-24].https://www.mohurd.gov.cn/xinwen/gzdt/200711/20071119_162635.html.

为配套的建筑节能法律法规体系"[①]。在这个建筑节能政策的全面推进期里，建筑节能政策喷发式涌现，全面覆盖了建筑节能在项目建设全寿命周期过程中的工作，诸如建筑节能专项规划、建筑节能设计标准、节能建材标准、建筑节能检测标准、工程施工质量验收标准等。工作内容涵盖新建建筑节能、北方地区供热体制改革和既有居住建筑节能改造、大型公共建筑节能管理与改造、可再生能源在建筑中规模化应用等。2010年1月27日，在总结了2007年以来23个城市民用建筑能耗统计工作的试行经验的基础上，住房和城乡建设部印发了《民用建筑能耗和节能信息统计报表制度》，对全面掌握我国建筑能耗实际状况及加强建筑节能管理打下了坚实的制度基础[②]。此外，在"十一五"期间，经过"中央和地方交流互动，探索实践，逐步形成了推进建筑节能工作的'十八项'制度"[③]（图3-1）。

3.1.5 补充

以上阶段的划分多以住房和城乡建设部发布的部门规章为基点，倘若以相关法律或国务院制定的行政法规颁布实施时间为划分点，或可更全面地观察建筑节能政策体系的演进。备用划分方案一，将《节约能源法》颁布之前视为建筑节能政策的形成期，《节约能源法》修订颁布之前视为建筑节能政策的成熟期，《中共中央 国务院关于加快推进生态文明建设的意见》颁布之前视为建筑节能政策的完善期，之后顺理成章划为碳达峰期与碳中和期。备用划分方案二，由于从"九五"开始建筑节能就有了专项的计划或规划，故或可将"九五"之前视为预备期，之后逐个按五年计划进行阶段划分。

[①] 住房和城乡建设部.关于印发"十二五"建筑节能专项规划的通知[EB/OL].（2012-05-31）[2022-11-24].https://www.mohurd.gov.cn/gongkai/zhengce/zhengcefilelib/201205/20120531_210093.html.
[②] 中国政府网.关于印发《民用建筑能耗和节能信息统计报表制度》的通知[EB/OL].（2010-01-27）[2022-11-24].http://www.gov.cn/gzdt/2010-03/17/content_1557474.htm.
[③] 住房和城乡建设部.关于印发"十二五"建筑节能专项规划的通知[EB/OL].（2012-05-31）[2022-11-24].https://www.mohurd.gov.cn/gongkai/zhengce/zhengcefilelib/201205/20120531_210093.html.

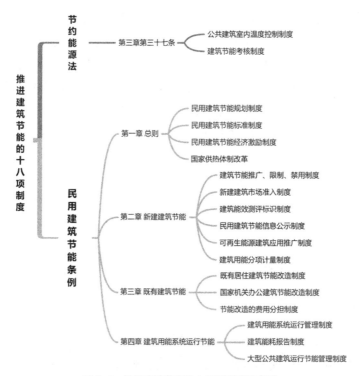

图 3-1　推进建筑节能的十八项制度示意图
（按《关于印发"十二五"建筑节能专项规划的通知》①内容绘制）

另外，2005年至今也有18年了，这18年里整个行业的发展突飞猛进，建筑物的存量和增量都不可同日而语，仅当作一个时期去看待确实不甚科学。除了《节约能源法》在2007年与2018年两次修订无疑都是重要的政策发展节点，2016年《中共中央 国务院关于进一步加强城市规划建设管理工作的若干意见》（以下简称《若干意见》）中将我国的建筑方针调整为"适用、经济、绿色、美观"②，同样是一个非常重要的政策变化信号。作为时隔37年重启的中央城市

---

① 住房和城乡建设部.关于印发"十二五"建筑节能专项规划的通知 [EB/OL].（2012-05-31）[2022-11-24].https://www.mohurd.gov.cn/gongkai/zhengce/zhengcefilelib/201205/20120531_210093.html.

② 中国政府网.中共中央 国务院关于进一步加强城市规划建设管理工作的若干意见 [EB/OL].（2016-02-21）[2022-09-29].http://www.gov.cn/zhengce/2016-02/21/content_5044367.htm.

工作会议配套文件，《若干意见》不仅勾画了"十三五"乃至更长时间中国城市发展的"路线图"[①]，而且以推广建筑节能技术与实施城市节能工程为抓手，推进节能城市建设，开创城市现代化建设新局面。

建筑节能政策演进示意图如图 3-2 所示。

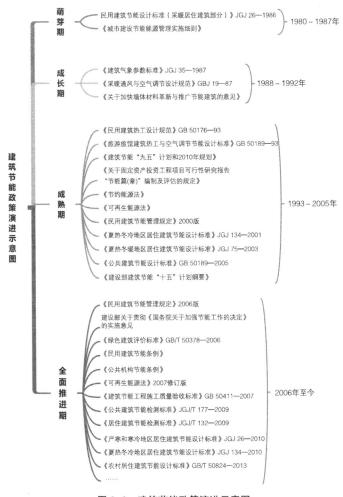

图 3-2　建筑节能政策演进示意图

---

① 《散装水泥》编辑部.《中共中央 国务院关于进一步加强城市规划建设管理工作的若干意见》强调 发展新型建造方式 推广节能绿色建筑建材 [J]. 散装水泥，2016，180（1）：4.

3.2 标准变迁

自 1986 年 1 月国务院颁布《节约能源管理暂行条例》后，同年 3 月《民用建筑节能设计标准（采暖居住建筑部分）》（试行）JGJ 26-86 作为我国首部建筑节能设计标准由建设部发布。随后按照先北方（严寒和寒冷地区）、再中部（夏热冬冷地区）、后南方（夏热冬暖地区），先居住建筑、后公共建筑，先新建建筑、后既有建筑的原则，不断建立和完善了我国建筑节能标准体系[1][2]。在 2015 年的《国务院办公厅关于加强节能标准化工作的意见》印发后，不仅是绿色建筑与建筑节能设计、施工验收和评价标准被进一步完善，绿色建材标准体系也开始被建立起来。除了继续强调建筑工程设计、施工和验收要严格执行新建建筑强制性节能标准，政府投资的公益性建筑、大型公共建筑以及各直辖市、计划单列市及省会城市的保障性住房，也被要求全面执行绿色建筑标准[3]。

3.2.1 基础支撑的变迁

作为在建设工程项目上应用的标准体系，假如仅有设计标准，那无异于没法落地的海市蜃楼。因为建设工程是一种复杂的系统工程，每个环节都有不同的要求。事实上也是如此，每每有新的建筑节能设计标准颁布，工程建设单位除了关心标准变化对项目造价的影响，还要考虑符合节能新要求的建筑材料能不能在当地市场买到；设计单位则在意建筑节能计算方法有没有变化，是否出现新的设计禁忌；施工单位与负责对本地区建设工程质量进行监督管理的质监站则对于建筑节能专项验收相关内容更在意，诸如检验批的划分、

---

[1] 徐伟. 国际建筑节能标准研究 [M]. 北京：中国建筑工业出版社，2012：3.
[2] 兰兵. 中美建筑节能设计标准比较研究 [D]. 武汉：华中科技大学，2014：1.
[3] 中国政府网. 国务院办公厅关于加强节能标准化工作的意见 [EB/OL].（2015-03-24）[2022-10-18].http://www.gov.cn/zhengce/content/2015-04/04/content_9575.htm.

第3章 建筑节能政策的演进

节能材料的单双组分、要不要做现场检测等问题。要回答这些疑问，就要从支撑起建筑节能标准体系的基础标准谈起（图3-3）。建筑节能标准体系中的发挥基础支撑作用标准大致可以分三类：第一类是定义类，诸如《建筑节能基本术语标准》GB/T 51140；第二类是计算口径类，诸如《民用建筑热工设计规范》GB 50176、《建筑碳排放计算标准》GB/T 51366 等；第三类是工程应用类，诸如建筑节能材料相关标准、《建筑节能工程施工质量验收标准》GB 50411 等。如果以较为宽泛的尺度去审视其他建筑标准，诸如《民用建筑供暖通风与空气调节设计规范》GB 50736、《建筑给水排水设计标准》GB

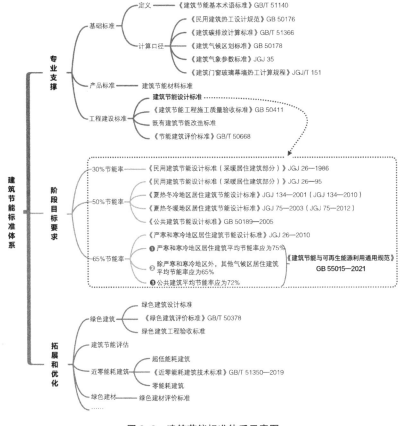

图3-3 建筑节能标准体系示意图

50015中的建筑节能相关内容也可看作是计算口径类有关内容。

因为建筑节能在工程上的落地需要有可计量的数据说话，所以这些基础标准中又以计算口径类建筑节能标准最为关键。最早一批敲定的计算口径包括室内空气计算参数（暖通空调）和室外计算参数（建筑热工），主要用于建筑设备选型、负荷计算和建筑围护结构设计计算。室内空气计算参数在我国建国初期通过参考苏联建筑法规中室外设计计算条件的确定方法而来[①]。建筑热工设计参数确定方法是在一定历史背景下结合我国当时国情与国内研究成果形成，早期主要参考了苏联、德国等相关标准与法规中的内容，例如传热系数、耗热量指标计算方法等；后来为了制定更符合国情的热工设计参数，又在学习ASHRAE、ISO等标准的基础上制定了我国相关热工设计参数的确定方法[②]。笼统地讲，建筑设备一系的发展对应的是主动节能技术，建筑围护结构一系的发展对应的是被动节能技术。看似走上分歧路，但不管是在节能建筑还是绿色建筑的设计标准上，主动节能技术和被动节能技术通常都是同时出现的。除了这两项，影响建筑能耗的主要因素还包括室外气候条件[③][④]（室外计算参数、热工设计分区等）。又由于我国仅有严寒与寒冷地区在采暖季时，供热管网是处于持续用能状态，且别的时间段与其他建筑气候区一样为间歇用能。这也是我国在编制建筑节能标准时，严格按照采暖度日数（HDD18）和空调度日数（CDD26）进行建筑气候区细分的一个主要原因。

《工业企业采暖通风和空气调节设计规范》TJ 19—75（试行）是首个确定室外气象参数选取原则及统计方法的标准[⑤]，其后续版本为

---

① 霍旭杰.建筑室外设计计算条件基础科学问题研究[D].西安:西安建筑科技大学,2018:8.
② 樊新颖,陈滨.我国建筑热工设计参数确定方法依据追溯研究[J].建筑科学,2017,33（12）:159-164,171.
③ 文泽球,刘衍,杨琼,等.严寒地区民用建筑热工设计二级分区指标适用性分析[J].土木与环境工程学报（中英文）,2019,41（5）:183-190.
④ 刘衍,王赏玉,曹其梦,等.中国建筑节能气象参数研究（英文）[J].Journal of Central South University,2022,29（7）:2301-2316.
⑤ 杨柳,刘衍,端木琳,等.建筑节能设计基础参数的研究进展[J].建筑科学,2021,37（6）:155-163,205.

《采暖通风与空气调节设计规范》GBJ 19-87。修订后的标准在相关章节条款中着重体现了节能和合理利用能源的原则,且突破了原规范只适用于工业企业的局限,将适用范围拓展到了各类民用建筑,还新编了"室内空气计算参数"和"太阳辐射照度"小节内容,规定了冬夏两季室内温度、相对湿度、空气流速设计标准,以及按地理纬度及大气透明度分区确定夏季太阳辐射照度的方法,并把室外计算参数的统计年份从 20 年改为 30 年,明确了设计计算用的采暖期统计方法[①]。此后该规范在 2001 年有做局部修订,在 2004 年 4 月 1 日起实施了 2003 修订版,并将标准编号由 GBJ 19 改为 GB 50019;到 2012 年 10 月 1 日时,新实施的《民用建筑供暖通风与空气调节设计规范》GB 50736—2012 替代了该规范的部分条文。2001 年修订版把采暖方式的选择规定为"应根据建筑物规模,所在地区气象条件、能源状况、政策、环保等要求,通过技术经济比较确定",并取消了采暖分区方案[②]。2003 年的版本考虑到专业发展趋势,为避免内容过细,修订从安全、环保、节能、卫生等方面做出了原则规定[③]。2012 版《民用建筑供暖通风与空气调节设计规范》GB 50736—2012 与前三个版本相比,在计算口径上一个明显的区别就是把室外空气计算参数的统计期改为 1971~2000 年[④]。总的说来,"室外空气计算参数方面的修订主要是对于气象台站数量的增补以及原始数据统计年限的更新,其中对于室外计算参数的统计方法基本沿用了 1975 年版规范"[⑤]。

1993 版的《民用建筑热工设计规范》(以下简称《热工设计规范》)GB 50176—93 并不是我国首个版本的热工设计规范,最初的乃是《民用建筑热工设计规程》JGJ 24—86,其名称和编号都在

---

① 石云志,张克嵩,魏贻宽.《采暖通风与空气调节设计规范》内容简介 [J].建筑技术通讯(暖通空调),1988(6):3-6.
② 国家暖通规范管理组.《采暖通风与空气调节设计规范》采暖部分修订要点 [J].暖通空调,2001(5):19-21.
③《采暖通风与空气调节设计规范》修订 [J].建筑热能通风空调,2004(4):42.
④ 徐伟.《民用建筑供暖通风与空气调节设计规范》编制思路与主要内容 [J].暖通空调,2012,42(7):12-18.
⑤ 杨柳,刘衍,端木琳,等.建筑节能设计基础参数的研究进展 [J].建筑科学,2021,37(6):155-163,205.

1993版发布的时候做了变更。由于"建筑是地域性的,节能的建筑首先要适应当地的气候。而不同地域的气候资源相差悬殊"[1]。所以如果希望通过让热工设计与地区气候相匹配以达到建筑节能目的,气候区划分在建筑节能标准中就是个无法回避的重要问题。我国建筑相关的气候区划分研究工作始于1955年,经过多年累积,在1993年制定了"建筑气候区划"方案,并发布了《建筑气候区划标准》GB 50178—93[2]。而最早的建筑热工设计分区出现在1986版的《热工设计规范》,修订为1993版时与为同期编撰的《建筑气候区划标准》相协调,对温暖和炎热地区的区划指标进行了变动[3]。由于地理跨度大,同一热工分区内不同城市的气候条件存在明显差异,所以在最新的2016年版本中进行了细化,即"大区不动、细分子区",就是在1993版的基础上纳入采暖度日数(HDD18)和空调度日数(CDD26)作为二级分区指标[4]。另一方面,《热工设计规范》完整性、易用性的提高还体现在统计年限的调整与室外计算参数覆盖面的提升,如提供冬季温度参数的城市数量由124个增加到354个、提供夏季温度参数的城市数量由60个增加到145个、提供夏季太阳辐射参数的城市数量由15个增加到145个[5](图3-4)。

3.2.2 节能率目标的变迁

新建、改进、扩建或改造后的建筑物,符合当时施行的相关建筑节能标准的,均可视为节能建筑。按《民用建筑节能条例》对民用建筑节能的释义,节能建筑将比不符合此类标准的建筑物在使用过程中消耗更少的能源。但基于建筑物运营管理的复杂情况,目前

---

[1] 李红莲.建筑能耗模拟用典型气象年研究[D].西安:西安建筑科技大学,2016:14.
[2] 白鲁建.建筑节能设计气候区划方法研究[D].西安:西安建筑科技大学,2019:9.
[3] 中国建筑科学院研究院.中国建筑节能标准回顾与展望[M].北京:中国建筑工业出版社,2017:18.
[4] 吕凯琳,刘folded,杨柳,等.建筑热工设计分区现状及指标阈值修正[J].建筑科学,2022,38(10):144-151.
[5] 郭向斐.围护结构热工设计室外计算参数的更新及其影响研究[D].西安:西安建筑科技大学,2022:3-4.

第3章 建筑节能政策的演进

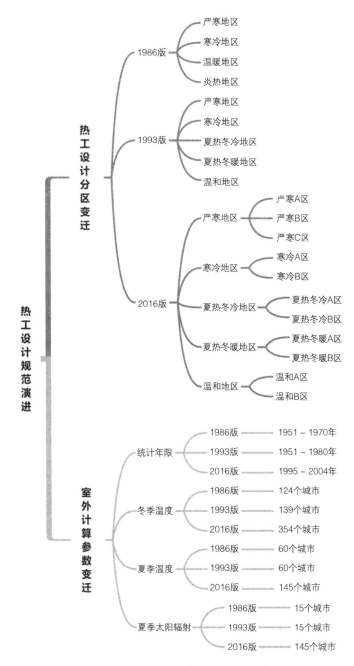

图 3-4 建筑热工设计规范演进示意图

多见于以提高节能建筑设计标准的硬性要求来实现建筑物能耗的持续降低，即行业常说的——这些年来节能率三步走的战略目标是从30%、50%到65%，讨论的就是建筑节能标准的设计要求变化。我国的房屋建筑分为民用建筑与工业建筑，但一般语境下建筑物的节能率只谈及民用建筑。民用建筑又分为居住建筑和公共建筑，前文所提及的《民用建筑节能设计标准（采暖居住建筑部分）》是居住建筑节能标准；而最早版本的公共建筑节能标准则为1986年1月24日由原国家计划委员会设计管理局和原国家旅游局共同颁发的《旅游旅馆设计暂行标准》。

1. 30%节能率。1986年，原城乡建设环境保护部出台《民用建筑节能设计标准（采暖居住建筑部分）》JGJ 26—1986，明确住宅采暖能耗降低30%的节能率目标，被业内称为"一步节能"，实现了我国建筑节能标准"零"的突破[①]。该标准主要贡献包括确定了锚定节能率计算基准的"基础建筑"（表3-1）、确定了20世纪80年代初北方采暖居住建筑的采暖能耗值、定义了"采暖期天数"、规定了居住建筑换气次数等开创性的概念与指标。但该标准仅适用于严寒与寒冷地区。同时期的另外两部标准《旅游旅馆设计暂行标准》和《旅游旅馆建筑热工与空气调节节能设计标准》GB 50189—93规定了适用于全部气候区的具体建筑节能措施，但未设置节能率目标[②]。

2. 50%节能率。1996年，《民用建筑节能设计标准（采暖居住建筑部分）》修订为JGJ 26—95（以下简称95版《采暖居标》），将目标节能率提高到50%。该标准的主要贡献除了确定应用稳态计算方法来计算建筑物耗热量指标，还对供热热源、采暖热媒和供热方式、采暖供热系统和水力平衡等内容进行了规定与技术说明。相同

---

① 住房和城乡建设部.绿色建筑：添彩美丽中国[EB/OL].（2019-08-26）[2022-11-24].https://www.mohurd.gov.cn/xinwen/gzdt/201908/20190826_241561.html.
② 徐伟，邹瑜，孙德宇，等.GB 50189-2015《公共建筑节能设计标准》动态节能率定量评估研究[J].暖通空调，2015，45（10）：7-11.

目标节能率的标准还有《夏热冬冷地区居住建筑节能设计标准》JGJ 134—2001（以下简称2001版《夏热冬冷地区居标》）及其后续的2010修订版、《夏热冬暖地区居住建筑节能设计标准》JGJ 75—2003（以下简称2003版《夏热冬暖地区居标》）及其后续的2012修订版、《公共建筑节能设计标准》GB50189—2005（以下简称2005版《公建标准》）、《温和地区居住建筑节能设计标准》JGJ 475—2019。与95版《采暖居标》不同的是，2001版《夏热冬冷地区居标》控制节能设计的指标有两种，即规定性指标与节能综合指标（或称性能性指标），相比之下设计的灵活度更高，这两种指标对应的方法在2005版《公建标准》中又被称为规定性方法（查表法）与性能化方法（计算法）。在计算方法上，95版《采暖居标》采用的是稳态计算方法；2001版《夏热冬冷地区居标》使用的是反应系数计算方法，并以DOE—2软件作为计算工具。而2010版《夏热冬冷地区居标》并未提高目标节能率，主要针对节能大检查中发现的空调能耗计算混乱等问题进行处理。2003版《夏热冬暖地区居标》将标准所在建筑气候区划分为南北两个子区，这要远早于《民用建筑热工设计规范》设立二级分区的时间（2016年修订版）。2012版《夏热冬暖地区居标》首次将"窗地面积比"作为确定门窗节能指标的控制参数，首次将东、西朝向建筑外遮阳作为强制性条文，首次对多联式空调（热泵）机组强制规定[①]。2005版《公建标准》由我国首部公共建筑节能设计标准《旅游旅馆建筑热工与空气调节节能设计标准》GB 50189—93演进而来，虽说目标节能率同为50%，但其构成样式与居住类建筑（表3-1）相差甚远，其围护结构分担的节能率约13%～25%；其空调采暖系统分担的节能率约16%～20%；照明设备分担的节能率约7%～18%[②]。

[①] 中国建筑科学研究院. 中国建筑节能标准回顾与展望[M]. 北京：中国建筑工业出版社，2017：138-139.

[②] 中国建筑科学研究院. 中国建筑节能标准回顾与展望[M]. 北京：中国建筑工业出版社，2017：171.

建筑节能率区分表

(按《中国建筑节能标准发展历程及展望》[①] 内容整理) 表 3-1

节能率	代表标准	解析	基础建筑
30%	《民用建筑节能设计标准(采暖居住建筑部分)》JGJ 26-1986	其中建筑物约承担 20%，采暖系统约承担 10%	将 1980~1981 年各地通用住宅设计作为居住建筑的"基础建筑（Baseline）"，也就是说，采用该年代的典型居住建筑的围护结构热工参数构成的建筑、采用该年代采暖设备的能效，在保持合理室内热环境参数情况下，计算全年采暖的能耗并认作为 100%
50%	《民用建筑节能设计标准(采暖居住建筑部分)》JGJ 26-95	其中建筑物承担约 30%，供热系统承担约 20%[②]；在节能 30% 基础上再节能 30%，即 (100-30)×30%=21%，21%+30%=51%（约 50%），即在原先的基础上节能 50%	
65%	《严寒和寒冷地区居住建筑节能设计标准》JGJ 26-2010	其中围护结构承担 42%，供热系数分摊 23%[③]；在节能 50% 基础上再节能 30%，即 (100-30-30)×30%=12%，12%+21%+30%=63%（约 65%），即在原先的基础上节能 65%	

注：1. 65% 节能率解析系按 50% 节能率解析推算，原论文并未列出。

2. 建筑节能率是指建筑日常用能和建造用能，在可比条件下，采取某项节能措施之后，节约能源的数量，与未采取节能措施之前能源消费量的比值。它表示所采取的节能措施对能源消费的节约程度，也可以理解为能源利用水平提高的幅度[④]。

3. 将节能率提升分为三步走在文件中的原文是"新建采暖居住建筑 1996 年以前在 1980~1981 年当地通用设计能耗水平基础上普遍降低 30%，为第一阶段；1996 年起在达到第一阶段要求的基础上节能 30%，为第二阶段；2005 年起在达到第二阶段要求的基础上再节能 30%，为第三阶段"[⑤]。

3. 65% 节能率。 95 版《采暖居标》修订后标准名变更为《严寒

[①] 邹瑜，郎四维，徐伟，等. 中国建筑节能标准发展历程及展望 [J]. 建筑科学，2016，32 (12)：1-5，12.

[②] 中国建筑科学研究院. 中国建筑节能标准回顾与展望 [M]. 北京：中国建筑工业出版社，2017：75.

[③] 中国建筑科学研究院. 中国建筑节能标准回顾与展望 [M]. 北京：中国建筑工业出版社，2017：85.

[④] 黄汉江. 建筑经济大辞典 [M]. 上海：上海社会科学院出版社，1990：459.

[⑤] 建设部建筑节能"九五"计划和 2010 年规划 [J]. 施工技术，1996 (8)：1-2.

和寒冷地区居住建筑节能设计标准》，标准编号未变，依然为 JGJ 26（以下简称 2010 版《严寒和寒冷地区居标》），但目标节能率提升到了 65%。2010 版《严寒和寒冷地区居标》细分了北方地区的气候子区，并更新了相应的技术要求，同时也响应了北方城市的供热改革，提出了目标节能率下热源、热力站及热力网、采暖系统、通风与空气系统设计的基本规定[①]。2015 版《公建标准》虽然目标节能率同为 65%，但这并不是指某单体建筑的节能率，而是综合考虑不同气候区、不同建筑类型加权后的计算值，即由动态基准评价法衡量得出的该标准执行后全国公共建筑的整体节能水平[②]。除了必要的技术要求更新，此版本的创新点还有 3 个方面：其一，在延续了 93 版以来的全气候区覆盖之外，还实现了建筑节能全专业领域覆盖，诸如建筑与建筑热工、供暖通风与空气调节、给水排水、电气、可再生能源应用；其二，指标科学性的提高，措施包括建立典型公共建筑模型及数据库为节能指标的分析计算提供基础、采用年收益投资比 SIR 对节能目标进行了计算和分解、引入太阳得热系数 $SHGC$ 替代遮阳系数 SC 作为衡量透光围护结构的性能参数，并给出了 $SHGC$ 的限值；其三，通过将建筑分为甲、乙两类，实现管理上的抓大放小，提高可操作性[③]。

4. 65%＋节能率。如果说 2015 版《公建标准》是节能率三步走战略完成的标志，那么《建筑节能与可再生能源利用通用规范》GB 55015—2021（以下简称《通用规范》）就是迈向又一新阶段的开篇。不过这部标准的节能率目标有三，严寒和寒冷地区居住建筑目标为平均节能率 75%，公共建筑目标为平均节能率 72%，但严寒

[①] 中国建筑科学研究院.中国建筑节能标准回顾与展望[M].北京：中国建筑工业出版社，2017：85.
[②] 徐伟，邹瑜，孙德宇，等.GB 50189—2015《公共建筑节能设计标准》动态节能率定量评估研究[J].暖通空调，2015，45（10）：7-11.
[③] 徐伟，邹瑜，陈曦，等.GB 50189《公共建筑节能设计标准》修订原则及方法研究[J].暖通空调，2015，45（10）：1-6.

和寒冷地区外其他气候区居住建筑目标为平均节能率65%[①]，所以这个阶段的节能率目标只能称为"65%+"。与前文提到的其他规定了目标节能率的标准不同，前者是单一的设计标准，而《通用规范》是覆盖了设计、施工、调试、验收和运行管理的工程建设全过程的通用技术类标准。在可再生能源应用的技术规定方面，2015版《公建标准》主要覆盖的是太阳能利用与地源热泵系统，而《通用规范》主要覆盖的是太阳能系统、地源热泵系统与空气源热泵系统。

3.2.3 拓展和优化

围绕建筑节能政策的节能减排目标来说，能被称为建筑节能拓展与优化的建筑标准主要有两大类。一类是建筑节能评估与近零能耗建筑标准，另一类是绿色建筑标准。建筑节能评估与近零能耗建筑标准延续建筑节能标准的总体思路，有着明确可量化的建筑节能降耗目标。绿色建筑的节能降耗目标则是结合了定性与定量的一种综合评价指标，是动态的、具有权重体系背景的。也正是这两种路径的差异，抓节能建筑工作的时候，把握住节能设计标准，事情就稳妥了一半；而绿色建筑正因其不具有单一量化目标，唯有理解了对应的评估体系，才好开展相关项目的规划设计与后期的运营管理工作。除此以外，绿色建材标准、装配式建筑标准、建筑信息化模型（BIM）标准或可亦视为拓展，但由于有突出的专业侧重，与前面提到的两大类在实施维度上有显著区别。绿色建材是建筑材料革新的一种呈现形式，装配式建筑标准是建筑工业化发展到一定阶段的产物，而建筑信息化模型则是信息化时代浪潮下建筑领域的一种响应策略。采用了绿色建材、装配式技术及建筑信息化模型技术的建筑物，如果未能满足相应标准，依然不能视为节能建筑或绿色建筑。

1. 绿色建筑标准

2016年2月6日，《中共中央 国务院关于进一步加强城市规划

[①] 徐伟，邹瑜，张婧，等.GB 55015—2021《建筑节能与可再生能源利用通用规范》标准解读[J].建筑科学，2022，38（2）：1-6.

建设管理工作的若干意见》中将"适用、经济、绿色、美观"作为实践中国特色城市发展道路的建筑方针[①]后，绿色建筑再次吸引了全行业的注意力。绿色建筑倡导节能、节地、节水、节材和环境保护，既是对建筑节能的有力带动，也是引领建筑技术发展的重要载体，更是建设"美丽中国"的重要载体[②]，作为建筑节能的进一步拓展和优化，其兴起是顺应世界经济增长方式转变潮流的重要战略转型，也是我国建立创新型国家的必然组成部分[③]。

我国绿色建筑相关标准有据可考的先声主要有四。其一，以"节能、节材、节水、节地及防止环境污染"为基本目标的《中国生态住宅技术评估手册》（以下简称《生态住宅评估手册》）。其二，以"节能、节水、节地、治污"为"八字方针"的《绿色生态住宅小区建设要点与技术导则》（以下简称《建设要点与技术导则》）。其三，在奥运建筑上践行"为使用者（运动员、裁判员、奥运官员和广大观众）提供健康、舒适、高效、与自然和谐的活动空间，同时最大限度地减少对能源、水资源和各种不可再生资源的消耗，不对场址和周边环境和生态系统产生不良影响，并争取加以改善"的《绿色奥运建筑评估体系》[④]。其四，明确将绿色建筑定义为"在建筑的全寿命周期内，最大限度地节约资源（节能、节地、节水、节材）、保护环境和减少污染，为人们提供健康、适用和高效的使用空间，与自然和谐共生的建筑"的《绿色建筑技术导则》[⑤]。《生态住宅评估手册》首个版本发布于2001年，按规划设计、验收与运行管理两个阶段分别给出了基于能源与环境等五个子项的评价原则及计分方法。其技

[①] 中国政府网．中共中央 国务院关于进一步加强城市规划建设管理工作的若干意见．[EB/OL]．（2016-02-21）[2022-09-29].http: //www.gov.cn/zhengce/2016-02/21/content_5044367.htm.
[②] 住房和城乡建设部．绿色建筑：添彩美丽中国 [EB/OL]．（2019-08-26）[2022-11-24].https：//www.mohurd.gov.cn/xinwen/gzdt/201908/20190826_241561.html.
[③] 住房和城乡建设部．贯彻节约能源法，推动建筑节能和绿色建筑 [EB/OL]．（2007-11-19）[2022-11-24].https: //www.mohurd.gov.cn/xinwen/gzdt/200711/20071119_162635.html.
[④] 绿色奥运建筑研究课题组．绿色奥运建筑评估体系 [M]．北京：中国建筑工业出版社，2003：8．
[⑤] 住房和城乡建设部．关于印发《绿色建筑技术导则》的通知 [EB/OL]．（2005-12-06）[2022-11-24].https: //www.mohurd.gov.cn/gongkai/zhengce/zhengcefilelib/200512/20051206_158491.html.

术评估体系一方面借鉴了美国 LEED 绿色建筑评估体系、德国的生态建筑导则 LNB、英国的 BREEAM 评估体系、澳大利亚的建筑环境评价体系 NABERS、加拿大的 GBTools、法国的 ESCALE、日本的 CASBEE 等外国绿色生态评估体系和我国《国家康居示范工程建设技术要点》《商品住宅性能评定方法和指标体系》有关内容[1][2]；另一方面根据国内生态建筑评估实践和技术进展，在此后分别于 2002 年、2003 年、2007 年发布了修订版。2001 年的《建设要点与技术导则》则通过要求项目同步规划、设计、建设九大技术系统的方式，来贯彻"八字方针"。但其仅重点说明与绿色生态小区建设直接相关的要求，通用性的要求按国家现行强制性规范、规程和标准执行[3]。2003 年的《绿色奥运建筑评估体系》要求针对规划、设计、施工及验收与运行管理四个阶段的特点和要求，分别从环境、能源等方面进行项目评估，当各阶段都达到绿色要求时，项目就可认为达到了绿色建筑标准[4]。该评估体系与同类相比，最大的区别在于先分阶段适配，再按专业执行，易于项目上按阶段转换管理团队的作业模式。2005 年的《绿色建筑技术导则》评估体系的技术要点设定最接近于《绿色建筑评价标准》GB/T 50378—2006，但由于应用场景的差异，所以在整体框架设置上还是大相径庭的。

2006 年 6 月 1 日起施行的《绿色建筑评价标准》GB/T 50378—2006 是我国首部具有正式标准编号的绿色建筑相关标准。在其面世之前，业内谈及绿色建筑的系统性评价认定时，往往是先想到美国的 LEED 认证（Leadership in Energy and Environmental Design）与英国的 BREEAM 认证（Building Research Establishment Environmental Assessment Method）等外国的绿色建筑评价系统。但现实是各国的

---

[1] 聂梅生，秦佑国，江亿，等. 中国生态住宅技术评估手册 [M]. 北京：中国建筑工业出版社，2003：9.
[2] 聂梅生，秦佑国，江亿，等. 中国生态住区技术评估手册 [M]. 北京：中国建筑工业出版社，2007：11.
[3] 《绿色生态住宅小区建设要点与技术导则》[J]. 住宅科技，2001（6）：3-10.
[4] 绿色奥运建筑研究课题组. 绿色奥运建筑评估体系 [M]. 北京：中国建筑工业出版社，2003：10.

绿色建筑评价系统都是基于各自国情与气候资源等条件而制定，并不会盲目地跟随其他国家的理念和评价方法走。事实同样证明了当LEED运用于我国项目时，也存有不少无法解决的结构性问题。诸如无人期间空调供暖系统的风机也不能关、24小时不关灯等在我国有关标准中"不应、不宜"的做法大行其道。不仅是一些不符合我国建筑节能标准要求的设计也可在LEED评价中得分，甚至有些节能部分未得分的项目也取得了LEED认证[①]。

但在后续的评估实践中发现2006版《绿色建筑评价标准》依然存在着措施评价系统固有的弊病，诸如公共建筑涵盖的类型太多，统一指标评价难以公允[②]；评价结果存在一定的主观性等[③]。所以2013年又在《绿色建筑行动方案》文件指导下，对绿色建筑评价标准体系进行了健全完善。诸如陆续针对办公建筑、工业厂房、学校、饭店、机场、铁路客站等不同类型的公共建筑推出不同的评价标准（图3-5）。实际上，2014版《绿色建筑评价标准》的修订工作早在2011年就开始了，审查定稿后即为2014版。该版本在两个方面有显著变动。一是评价对象变化，在将建筑类型扩展到各类民用建筑的同时，也按建筑工程项目阶段差异而区分适配为设计评价与运行评价；二是评价内容变化，包括评价指标变化、评价方法变化与修订部分评价条文等[④]。更重要的是，对其他服务于各特定建筑类型的专项绿色建筑评价标准而言，2014版《绿色建筑评价标准》发挥的是基础性的协调作用，对于形成一个相对统一完善的绿色建筑评价体系非常有利[⑤]。

---

① 朱颖心,林波荣.国内外不同类型绿色建筑评价体系辨析[J].暖通空调,2012,42（10）:9-14,25.
② 同上.
③ 中国建筑科学研究院.中国绿色建筑标准规范回顾与展望[M].北京:中国建筑工业出版社,2017:24.
④ 林海燕,程志军,叶凌.国家标准《绿色建筑评价标准》GB/T 50378—2014解读[J].建设科技,2014,271（16）:11-14,18.
⑤ 王清勤.我国绿色建筑发展和绿色建筑标准回顾与展望[J].建筑技术,2018,49（4）:340-345.

2019版的《绿色建筑评价标准》是该标准的第三个版本。基于前两个版本在评价应用中运行标识项目少的现象,以及评价条文内容上"以人为本""可感知"的技术要求涉及不够、健康建筑与建筑信息模型等高新建筑技术体现不足等问题,相关修订工作于2018年8月正式启动[①]。从变化的内容看,此次修订是对高质量发展需求的响应。一是编制理念变化,以新发展理念将绿色建筑重新定义为"在全寿命周期内,节约资源、保护环境、减少污染,为人们提供健康、适用、高效的使用空间,最大限度地实现人与自然和谐共生的高质量建筑";将绿色建筑内涵从耳熟能详的"四节一环保"向绿色生活、绿色家庭、绿色社区、绿色出行拓展;按"安全耐久、健康舒适、生活便利、资源节约、环境宜居"构建了新的指标体系。二是评价方法变化,通过将正式评价节点改在建筑工程竣工后,来解决绿色建筑发展从速度发展到质量发展的诉求;通过将计分方式由2006年版的条目法、2014年版的权重打分法改变为绝对分值累加法,让计分方式变得简便、易操作。三是评价内容变化,在原绿色建筑一星、二星、三星级之外增设基本级,以适配在编的全文强制国家规范;对绿色建筑星级性能要求进行分层设置,以提升项目品质;更新和提升建筑在安全耐久等方面的技术性能要求、提高和新增全装修与全龄友好等有关要求,以综合提升绿色建筑的性能要求[②]。

绿色建筑标准演进示意图和绿色建筑评估体系演进示意图如图3-5、图3-6所示。

[①] 王清勤,叶凌.《绿色建筑评价标准》GB/T 50378—2019的编制概况、总则和基本规定[J].建设科技,2019,394(20):31-34.
[②] 王清勤,李国柱,孟冲,等.GB/T 50378—2019《绿色建筑评价标准》编制介绍[J].暖通空调,2019,49(8):1-4.

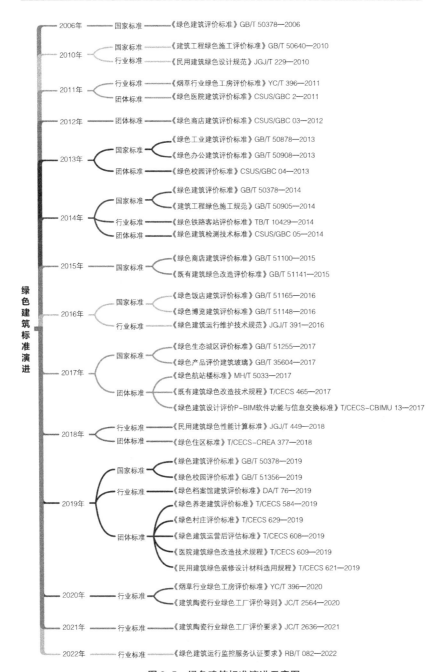

图 3-5　绿色建筑标准演进示意图

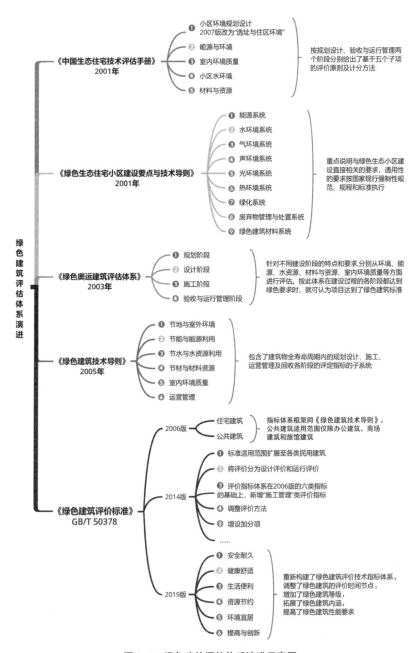

图3-6 绿色建筑评估体系演进示意图

2. 建筑节能评估

从 2005 年北京市出台的《公共建筑节能评估标准》[①]，到 2010 年国家发展改革委颁发的《固定资产投资项目节能评估和审查暂行办法》[②]，再到 2011 年印发的《上海市浦东新区民用建筑节能评估管理办法（试行）》[③]与《浙江省民用建筑项目节能评估和审查管理办法》[④]，及至 2023 年的浙江省工程建设标准《民用建筑项目节能评估技术规程》[⑤]的发布，建筑节能评估由早先的一种技术行为，上升为一项由政府引导的公共政策，具体行为包括依据有关法规、标准，对新建、改建、扩建项目的能源利用情况（效果）进行政策符合性、合理性的分析与评估，并编制相关报告。其通过抓建筑节能设计质量、引导可再生能源一体化设计、设计前期介入绿色建筑理念等手段来促进新建建筑的科学用能、合理用能，从源头抓牢建筑节能减排，故而在我国实现建筑业碳达峰、碳中和的目标上也有着重要的意义。

建筑节能评估作为一种科学技术服务，不仅在建筑节能相关咨询服务体系中比建筑节能设计、建筑节能评价（绿色建筑评价）和建筑能效测评所处的环节更为靠前，在内容和形式上也有自己的独到之处。江亿等[⑥]早在 2004 年就提出大型公共建筑节能工作流程，并对大型公共建筑的节能评估、合理用能配额管理、能耗分项计量、

---

① 北京市住房城乡建设委.关于发布北京市工程建设标准《公共建筑节能评估标准》的通知 [EB/OL].（2011-4-11）[2022-11-24].http://zjw.beijing.gov.cn/bjjs/xxgk/fgwj3/gfxwj/zfcxjswwj/316525/index.shtml.
② 国家发展和改革委员会.国家发展和改革委员会令 第 6 号 [EB/OL].（2010-9-17）[2023-04-23]. http://www.gov.cn/gongbao/content/2011/content_1792048.htm.
③ 上海市浦东新区人民政府.关于印发《上海市浦东新区民用建筑节能评估管理办法（试行）》的通知.（2011-01-17）[2023-04-23].https://www.pudong.gov.cn/00601000105/20220112/633042.html.
④ 浙江省住房和城乡建设厅.关于印发《浙江省民用建筑项目节能评估和审查管理办法》的通知 [EB/OL].（2011-9-6）[2023-04-23].http://jxt.zj.gov.cn/art/2011/12/29/art_1582894_9859.html.
⑤ 关于发布浙江省工程建设标准《民用建筑项目节能评估技术规程》的公告 [EB/OL].（2023-02-23）[2023-04-23].https://jst.zj.gov.cn/art/2023/2/23/art_1228990170_327.html.
⑥ 江亿，薛志峰.审视北京大型公共建筑节能 [J].科技潮，2004（10）：18-22.

节能监察和执法提出建议。张野等[①]对绿色奥运建筑评估体系中围护结构的节能评估进行了研究。以2010年发布的《固定资产投资项目节能评估和审查暂行办法》为分水岭，节能评估从怎么做转向怎么做得更好。同年，于少杰等[②]对固定资产投资项目节能评估方法进行了体系归纳，为固定资产投资项目的节能评估和审查工作提供了科学方法。蒙明元[③]对固定资产投资项目节能评估相关政策和主要存在的问题进行了梳理，并提出了建议。2011年，王侃宏等[④]对固定资产投资项目节能评估现状进行了分析，分别对概念、依据、意义、政策、工作流程、存在问题进行了描述。2017年，万志美等[⑤]通过对某医疗建筑的建筑节能评估，提出优化设计的构想。2018年，曾理等[⑥]通过对建筑节能评估中发现的问题进行归纳，提出对建筑设计的常见优化建议。

建筑节能评估作为一种"第三方评估"服务，存在于所评估项目的建设单位、设计单位、施工图设计文件审查机构的隶属关系或者其他利害关系之外，凭借其独立性与专业性，一方面对良莠不齐的建筑设计与审查服务市场的建筑节能短板起到了兜底作用的同时，也为有更高品质追求的建设单位提供了创新服务；另一方面，近10年大范围的建设高峰，对政府的行政监管工作产生了极大的压力，通过有效引导具备专业素养的建筑节能评估机构参与到建设过程中，可以很好地发挥专业技术人员的积极作用，对建筑设计与审查服务市场的建筑节能工作起到了监督、指导和协调作用。建筑节能评估能够再向前一

---

① 张野，江亿，谢晓娜，等.绿色奥运建筑评估体系围护结构节能评估研究及指标确定[J].暖通空调，2004（11）：36-43.
② 于少杰，辛升，赵凤忠.固定资产投资项目节能评估方法[J].中国资源综合利用，2010，28（9）：58-60.
③ 蒙明元.固定资产投资项目节能评估工作中存在的主要问题[J].中国工程咨询，2010（12）：25-26.
④ 王侃宏，侯佳松，戚高启.浅析中国固定资产投资项目节能评估发展现状[J].能源与节能，2011（6）：25-27+77.
⑤ 万志美，曾理，叶银霖，等.温州娄桥某医疗建筑节能评估案例分析[J].建筑节能，2017，45（5）：134-136+147.
⑥ 曾理，金伟，林胜华.从失败经验看建筑节能评估对设计的提升——以温州项目为例[J].福建筑，2018（9）：24-26.

步,转变成囊括竣工后评价、建筑节能改造、节能运营监测的全过程咨询服务,必将为共建共享幸福宜居新生活做出更多的贡献。

3. 近零能耗建筑标准

近零能耗建筑(Net Zero Energy Building)作为建筑节能减排领域的新途径,是国际社会普遍认同的当前发展的主要阶段。可以说方向是非常明确的,但其路径并不是唯一的。比如丹麦有零能耗住宅(Zero Energy House),德国有无源建筑(Energy Autonomous Building)、零能耗建筑(Zero-energy Building)和被动房(Passive House),瑞士有迷你能耗房(Minergie),意大利有气候房(Climate House),美国有零能耗住宅(Zero Energy Home)、零能耗建筑(Zero Energy Building)和净零能耗公共建筑(Zero-net-energy Commercial Building),加拿大有零能耗太阳能社区(Net Zero Energy Solar Communities),英国有零碳居住建筑(Zero-Carbon Home),比利时有低能耗居住建筑(Low-energy House)以及欧盟的近零能耗建筑(Nearly Zero-energy Buildings)[1][2]。

我国超低能耗建筑研究始于 2002 年的中瑞合作[3],项目上最早的实践为 2010 年在上海世博会投入使用的英国零碳馆[4]和德国汉堡之家[5],前者源于伦敦贝丁顿零碳生态社区,后者基于德国被动房标准设计,并在项目上体现了"需求最小化"与"供给最优化"两种策略[6]。2011~2012 年又有秦皇岛"在水一方"C15 号楼等 8 个项目作为被动式低能耗建筑列入住房和城乡建设部国际科技合作项目[7]。2014 年 7 月,基于中美清洁能源联合研究中心建筑节能合作项目

---

[1] 徐伟.迈向零能耗建筑技术与实践[J].中国建筑金属结构,2016(1):30-34.
[2] 张时聪.超低能耗建筑节能潜力及技术路径研究[D].哈尔滨:哈尔滨工业大学,2016:4.
[3] 徐伟,杨芯岩,张时聪.中国近零能耗建筑发展关键问题及解决路径[J].建筑科学,2018,34(12):165-173.
[4] 丁建斌.中国零碳建筑的一次伟大实践——介绍 2010 年上海世博会伦敦案例零碳馆[J].住宅科技,2010,30(11):1-4.
[5] 汉堡之家[J].建设科技,2010(10):86.
[6] 徐伟,刘志坚.中国式"近零能耗建筑"技术路线[J].建筑,2016(4):68-70.
[7] 彭梦月.中德合作被动式低能耗建筑示范项目工程实践及质量保证措施[J].住宅产业,2014,162(Z1):27-32.

（CERC-BEE）科研成果的"CABR近零能耗示范建筑"落成并交付使用，项目秉承"被动优先，主动优化，经济实用"原则，通过集成28项世界前沿的建筑节能和环境控制技术，达到了"冬季不使用传统能源供热、夏季供冷能耗降低50%，建筑照明能耗降低75%"的能耗控制指标[①]。2015年11月，住房和城乡建设部印发《被动式超低能耗绿色建筑技术导则（试行）（居住建筑）》。导则对超低能耗建筑的定义、技术指标、设计、施工、评价和运行的六大部分的关键环节进行了规定，贯穿了超低能耗建筑的全过程，建立了完整的技术体系[②③]。2016年7月，中国被动式超低能耗建筑联盟牵头组织对我国既有超低/近零能耗建筑示范项目的建设、运行情况进行摸底调研，并于次年发布《中国超低/近零能耗建筑最佳实践案例集》。内容涵盖居住建筑、办公建筑、商业建筑、学校、展览馆、体育馆、交通枢纽中心等不同建筑类型计50个项目，全面展示设计、施工到运行的各个环节[④]。2017年1月，国务院发布《"十三五"节能减排综合工作方案》，实施建筑节能先进标准领跑行动，开展超低能耗及近零能耗建筑建设试点[⑤]。同年3月，住房和城乡建设部印发《建筑节能与绿色建筑发展"十三五"规划》，要求积极开展超低能耗建筑、近零能耗建筑建设示范，推动超低能耗建筑集中连片建设，鼓励开展零能耗建筑建设试点[⑥]。2022年3月，住房和城乡建设部印发《"十四五"建筑节能与绿色建筑发展规划》。与前一个五年计划

---

① "CABR近零能耗示范建筑"落成并交付使用[J].建筑科学，2014，30（8）：134.
② 《被动式超低能耗绿色建筑技术导则（试行）（居住建筑）》印发[J].建设科技，2015，302（23）：17.
③ 徐伟，邹瑜，孙德宇，等.《被动式超低能耗绿色建筑技术导则》编制思路及要点[J].建设科技，2015，302（23）：17-21.
④ CPBA中国建筑节能协会被动式超低能耗建筑分会.《中国超低/近零能耗建筑最佳实践案例集》发布研讨会在京召开[EB/OL].（2017-07-24）[2022-11-24].http://chinapb.org.cn/article/242.
⑤ 中国政府网.国务院关于印发"十三五"节能减排综合工作方案的通知[EB/OL].（2017-01-05）[2022-11-24].http://www.gov.cn/zhengce/content/2017/01/05/content_5156789.htm.
⑥ 住房和城乡建设部.住房城乡建设部关于印发建筑节能与绿色建筑发展"十三五"规划的通知[EB/OL].（2017-03-14）[2022-11-24].https://www.mohurd.gov.cn/gongkai/zhengce/zhengcefilelib/201703/20170314_230978.html.

相比,"十四五"的相关工作建立在已完成超低、近零能耗建筑面积近 1 千万平方米的基础上。所以开始引导京津冀、长三角等重点区域开展超低能耗建筑规模化建设,推动零碳建筑、零碳社区建设试点。在其他地区开展超低能耗建筑、近零能耗建筑、零碳建筑建设示范。推动建成一批超低能耗农房试点示范项目[①]。

由于各国政府及机构对于近零能耗、零能耗建筑的物理边界、能耗计算平衡边界、衡量指标、转换系数、平衡周期等问题有着不同认识,这些分歧又造成了近零能耗建筑的计算结果上的差异[②]。综合考虑我国气候特点、地区差异、居民生活习惯与不同,对接现行法规和建筑标准体系,在 2019 年颁布实施的《近零能耗建筑技术标准》GB/T 51350—2019 中,近零能耗建筑的概念明确界定为适应气候特征和场地条件,通过被动式建筑设计最大幅度降低建筑供暖、空调、照明需求,通过主动技术措施最大幅度提高能源设备与系统效率,充分利用可再生能源,以最少的能源消耗提供舒适室内环境,且其室内环境参数和能效指标符合本标准规定的建筑,其建筑能耗水平应较国家标准《公共建筑节能设计标准》GB 50189—2015 和行业标准《严寒和寒冷地区居住建筑节能设计标准》JGJ 26—2010、《夏热冬冷地区居住建筑节能设计标准》JGJ 134—2016、《夏热冬暖地区居住建筑节能设计标准》JGJ 75—2012 降低 60%~75% 以上。并将超低能耗建筑列为其初级表现形式,将零能耗建筑列为其高级表现形式(图 3-7)。目前近零能耗建筑相关标准还有三部,分别是《被动式超低能耗绿色建筑技术导则》《近零能耗建筑检测评价标准》T/CECS 740—2020 和《超低能耗农宅技术规程》T/CECS 739—2020。

---

① 住房和城乡建设部. 住房和城乡建设部关于印发"十四五"建筑节能与绿色建筑发展规划的通知 [EB/OL]. (2022-03-01) [2022-10-20]. https://www.mohurd.gov.cn/gongkai/zhengce/zhengcefilelib/202203/20220311_765109.html.
② 徐伟,杨芯岩,张时聪. 中国近零能耗建筑发展关键问题及解决路径 [J]. 建筑科学,2018,34(12):165-173.

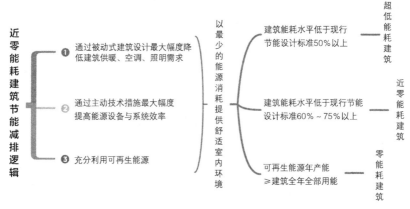

图 3-7 近零能耗建筑节能减排逻辑示意图

3.3 小结

这四十余年的建筑节能政策演进,亦是建筑工业发展的缩影,不仅见证了终端需求从"有的住"到"住的舒适"的变迁,更是直接推动了产业升级,也从根本上改变了建筑物与环境的关系,用建筑的语言诠释了中国人认识世界、理解世界、与世界交往和改变世界的逻辑与方式。

从建筑节能标准涉及的建筑类型看,建筑节能工作从居住建筑开始,逐步到公共建筑主要是旅馆,然后是工业建筑。从建成时间看,建筑节能工作从新建建筑开始,接着是必须尽快改造的热环境很差的结露建筑和危旧建筑,然后是其他保温不好的建筑围护结构和供热、制冷系统。从建筑气候区看,建筑节能工作从北方采暖地区开始,然后发展到夏热冬冷过渡地区,并扩展到南方炎热地区。从建筑条件看,建筑节能工作从几个工作基础好的城市开始,再发展到一般城市和城镇,然后逐步扩展到广大农村[1]。

从绿色建筑标准体系发展看,绿色建筑的发展作为我国城镇化

---

[1] 韩爱兴. 我国建筑节能工作的状况及展望 [J]. 建筑知识, 1999(6): 8-10.

建设绿色转型的战略选择之一,一方面以相关工程建设标准作为项目实践的技术支撑和保障,另一方面以持续充实的评价标准作为发展绿色建筑的具体目标和技术引导[①],通过从民用建筑到工业建筑、从新建建筑到既有建筑改造、从规划设计到运营管理、从单体建筑到区域层面实现多维度的项目覆盖[②],在标准供给上动态修正完善对绿色建筑主要功能类型和主要工程阶段覆盖的同时,也实现了缓解建设用地紧张、建筑能源消耗过高、碳排放过大等矛盾,达到了促进城镇可持续发展的目的。

围绕"实施建筑领域节能减排,推进生态文明建设"这一价值导向,在新发展理念指引下,建筑节能的高质量发展不仅落在相对成熟的打造节能建筑的路径上,也落在绿色建筑路径与近零能耗建筑路径上。打造节能建筑的标准是强制的,是刚性的,这条路径可谓基石,更是枢纽;绿色建筑涉及面广阔,是横向的节能减排路径;近零能耗建筑路径是最接近碳中和的路径,是纵深向的节能减排路径;由此横到边纵到底,不断扩大在建筑领域里节能减排工作的覆盖面,才能构建更完善政策体系。用既有弹性又有刚性的技术指标(标准)体系,覆盖建筑项目全寿命周期,才能更好地打赢建筑领域节能减排的持久战和攻坚战。

---

① 王清勤. 我国绿色建筑发展和绿色建筑标准回顾与展望 [J]. 建筑技术,2018,49(4):340-345.
② 韩继红,廖琳,张改景. 我国绿色建筑评价标准体系发展历程回顾与趋势展望 [J]. 建设科技,2017(8):10-13.

第 4 章 面向"双碳"的建筑节能政策

从《节约能源管理暂行条例》颁布的 1986 年起算,迄今已有 37 年时间了。期间建筑节能这个词的内涵也在持续变迁,一路由节约用能(Energy Saving)、降低耗能(Energy Conservation)、能效提升(Energy Efficiency)到可持续发展(Sustainability)。节约用能(Energy Saving)强调的是节省,可接受以牺牲舒适度为代价的少用能,诸如降低室内温度。降低耗能(Energy Conservation)侧重于降损耗,诸如通过外墙、外窗等围护结构改造等操作,让建筑物的采暖空调系统避免出现额外的能源消耗。能效提升(Energy Efficiency)讲求的是建筑能源使用效率。最近十来年热议的可持续发展(Sustainability)则将建筑能耗的意义延伸到了环境影响责任上[1][2]。

不仅如此,随着行业的发展以及研究的前进,相关建筑节能政策研究的著作中提出的建议也在变化(表 4-1)。虽然立场不同、层级不同,亦均在各自角度就建筑节能政策的方向、内容、质量等问题提出了相关的策论。但若仅以 6 部著作来代表整个建筑政策研究的发展,还是略显单薄。

部分建筑节能政策研究著作提出的建议　　　　表 4-1

书名	年	作者	政策建议
建筑节能政策解读	2008	康艳兵	①树立科学的建筑节能观,提高建筑节能在我国节能工作中的战略地位; ②合理引导节约型的生活消费模式和建筑发展模式; ③强化新建建筑和新增用能设备的节能标准执行力度;

---

[1] 中国建筑科学研究院.中国建筑节能标准回顾与展望[M].北京:中国建筑工业出版社,2017:143.
[2] 纪博雅,毛晓峰,曹勇,等.我国建筑节能低碳技术标准体系现状与发展建议[J].建筑经济,2022,43(1):19-26.

续表

书名	年	作者	政策建议
建筑节能政策解读	2008	康艳兵	④加强完善建筑节能经济激励长效机制； ⑤加强完善建筑节能队伍的能力建设； ⑥加强关键建筑节能技术的技术革新和产业化； ⑦建立建筑用能统计制度； ⑧加大建筑节能技术推广和宣传力度； ⑨建立科学合理的建筑节能工作部门协作机制[①]
中国建筑节能经济激励政策研究	2011	苏明	①推进太阳能热水系统建筑应用的政策建议： 太阳能光热建筑一体化的强制推广政策设计先要在法规政策、标准规范、科技攻关等方面作好支撑； 财政政策是促进太阳能热水系统建筑强制性应用的重要的政府激励政策； 太阳能热水系统生产的财政激励政策将提高太阳能热水系统的发展能力。 ②关于鼓励节能建筑的财税激励政策建议： 建议以"市场需求"为导向，重点激励购买节能建筑的消费者，从而拉动节能建筑的市场需求； 建议近期首先从税收优惠方面入手来鼓励节能建筑。 ③绿色建筑经济激励政策机制： 设立绿色建筑专项资金； 充实已有的墙改专项基金，在资金使用上向绿色建筑倾斜； 在土地出让金上给予绿色建筑优惠政策； 政府采购向绿色建筑倾斜； 税收优惠。 ④公共建筑节能改造的近期经济激励政策建议： 对于政府机关节能改造，以节能改造能够实现的节能效果为出发点，由相应的各级财政提供补助； 对于不属于政府机关的公共建筑节能改造，注重节能投资效益，以节能改造能够实现的节能效果为出发点，给予财政奖励。 ⑤"十二五"北方地区既有居住建筑节能改造政策设计： 建立中央财政对既有居住建筑节能改造的可持续支持机制； 制定经济激励政策鼓励供热企业参与既有建筑的整体改造； 鼓励节能服务公司参与既有居住建筑节能改造； 推进热价格商品化，刺激居民开展既有建筑节能改造； 统一既有建筑节能改造的节能收益计算方法； 鼓励金融机构对既有居住建筑节能改造市场提供资金支持； 确定合理的成本分担机制，吸引多渠道的资金支持[②]

[①] 康艳兵.建筑节能政策解读[M].北京：中国建筑工业出版社，2008.
[②] 苏明.中国建筑节能经济激励政策研究[M].北京：中国财政经济出版社，2011.

续表

书名	年	作者	政策建议
中国建筑节能政策网络研究	2012	宋琳琳	①建议建立中国建筑节能政策网络共同体，共同体的建立有利于优化网络结构和实现网络均衡； ②建议从消费端出发，提供购买节能房屋的经济激励政策，引导大众的节能行为； ③最高境界的建筑节能是实现建筑与人、自然和谐共生[①]
中国建筑节能路线图	2015	彭琛	①建筑节能应根据用能总量规划进行控制： 严格控制建筑能源消耗量； 引导建筑使用与自然相和谐的理念。 ②规划建筑面积总量，避免能源和资源浪费： 控制城镇建设合理的规模，避免无序扩张； 提高农村住宅建筑质量，改善室内环境条件。 ③推动以能耗强度为衡量指标的节能路线[②]
中国建筑节能政策研究	2017	陈妍	①我国建筑节能领域的微观经济主体有着强烈的政策需求； ②我国的建筑节能政策体系以强制性政策为主，随着建筑节能市场转型的逐步推进，需要更加丰富和完善经济激励性政策，帮助市场完成转型； ③我国建筑节能政策体系结构性失衡和政策得不到有效执行是导致我国建筑节能政策供给不能满足政策需求的主要原因，在政策设计时要考虑这些因素； ④我国建筑节能政策设计应遵循政策需求与供给均衡、成本收益有效性、统筹兼顾各主体利益和政策系统总体协调四个原则； ⑤新建建筑节能产业链上各利益相关者互动关系是政策设计的基础； ⑥政策设计以利益相关主体个人目标与社会目标的差异为切入点； ⑦体制障碍是既有建筑节能改造工作难以开展的重要原因； ⑧唐山示范项目实践证明微观经济体个人利益最大化的目标与政府代表的社会目标一致性是完全有可能实现的[③]
中国建筑节能政策体系评价及优化策略研究	2020	何贝	①全面提升现行建筑节能政策体系质量。设计科学可行的政策体系目标，识别控制建筑能耗的关键环节，并且强调建筑节能政策工具组合模式； ②完善现行建筑节能政策网络。明确建筑节能政策网络构成要素（如政策社群、生产者网络、专业网络、议题网络），优化建筑节能政策体系网络结构（如结构优化、部门间协作机制完善、区域间协作机制配合、参与式政策管理格局构建等）[④]

① 宋琳琳. 中国建筑节能政策网络研究 [M]. 沈阳：辽宁人民出版社，2012：190-193.
② 彭琛，江亿. 中国建筑节能路线图 [M]. 北京：中国建筑工业出版社，2015：200-205.
③ 陈妍. 中国建筑节能政策研究 [M]. 北京：中国社会科学出版社，2017：187-189.
④ 何贝. 中国建筑节能政策体系评价及优化策略研究 [M]. 北京：经济管理出版社，2020：2.

4.1 面向"双碳"领域的建筑相关研究进展

4.1.1 分析方法与工具

本节主要采用知识图谱的方法,以面向"双碳"领域的建筑相关研究文献为计量研究对象,结合知网计量可视化分析功能,通过 CiteSpace 软件用可视化的形式展现其发展进程与结构关系。

(1)知识图谱历经"语义网络 - 语义网(Semantic Web)—链接数据(Linked Data)—知识图谱"演变而来[①]。作为信息的一种表达形式,其本身不是信息的替代品,而是用简单明了的可视化技术将信息通过组合形式描述、演变成更具价值、更容易管理和理解的知识体系的一种方法。有学者认为其中的"图"指的是图示,"谱"指的是系统,图与谱合一则是知识空间与时间动态变化的统一表述[②③]。

(2)CiteSpace 是由陈超美教授发明的一种知识图谱绘制工具。他提出的 Citespace 概念模型将一个研究领域概念化成从研究前沿到知识基础的时间映射[④],并基于共引分析理论(Co—Ciation)和寻径网络算法(Path Finder)等前人积累,用 Java 语言完成了软件开发[⑤]。在相关文献中,该软件主要以 3 种形式出现,一是作为科学知识图谱的引证材料,二是作为其他可视化软件的比较对象,三是作为分析文献的工具手段。且以第三种形式居多,达 80% 左右,分析对象涵盖文献的主题、作者、机构、区域、期刊、理论、学科等方面[⑥]。

---

① 李娇. 基于知识图谱的科研综述生成研究 [D]. 北京:中国农业科学院,2021:8.
② 李海平,齐卓砾,胡君朋. 标准化领域知识图谱的构建和应用研究 [J]. 中国标准化,2022,614(17):51-55.
③ 杨宏伟. "知识图谱"在旅游管理学科课程教学中的系统应用 [J]. 经济师,2013(4):147-148.
④ 李小涛,金心怡,李艳,等. 基于 ESI 高被引论文的医学信息学研究前沿可视化分析 [J]. 现代情报,2018,38(12):120-125.
⑤ 陈悦,陈超美,刘则渊,等. CiteSpace 知识图谱的方法论功能 [J]. 科学学研究,2015,33(2):242-253.
⑥ 刘光阳. CiteSpace 国内应用的传播轨迹——基于 2006—2015 年跨库数据的统计与可视化分析 [J]. 图书情报知识,2017(2):60-74.

（3）聚类分析是根据最大化类内的相似性、最小化类间的相似性的原则将数据对象分组[①]，关键词聚类即根据关键词的相似程度对相关关键词进行归类。在关键词共现图谱中，由于关键词的联系往往较为复杂，所以将共现分析中各个文献共同引用此关键词的频率最高者，作为关键词聚类的标签代表。

（4）关键词突现指某个关键词在文献中的出现频次快速上升，突然变为学界研究的关注点。由于关键词可反映文章主题内容，借助关键词突现检测可以回顾不同时间段的研究热点的特征，绘制关键词突现图将在一定程度上可以预判未来一段时间的研究热点与趋势[②]。

（5）机构的聚类分析一方面能够在一定程度上反映各机构对面向双碳领域的建筑相关研究做出的贡献，另一方面机构间的连线又能反映各机构对面向双碳领域的建筑相关研究的合作情况。

（6）作者的聚类分析。与机构的聚类分析相似，作者之间的连线代表两个或多个作者间有合作，连线越粗，共现频次越高[③]。

4.1.2 数据来源与分类

在知网上以"建筑 碳中和"等主题搜索中文文献。然后按表4-2设定要求分别导出甲、乙、丙、丁、戊、庚文献样本。再运用CiteSpace软件（6.2.2版本），对关键字等文献特征内容的出现频次进行排序和分析，并形成聚类[④]，从而描绘出面向双碳领域的建筑相关研究的知识图谱。

[①] 《数据库百科全书》编委会.数据库百科全书[M].上海：上海交通大学出版社.2009：282-283.
[②] 公茂刚，李汉瑾，窦心容.数字普惠金融研究进展、热点探析与趋势展望——基于Citespace 文献计量分析[J].兰州学刊，2022（7）：45-57.
[③] 韩薇薇，徐娜.我国"工匠精神"研究现状与前沿——基于Citesapce可视化分析方法[C]//天津市社会科学界联合会.天津市社会科学界第十四届学术年会优秀论文集：加快构建中国特色哲学社会科学 推进"五个现代化天津"建设（下）.天津出版传媒集团，2018：13-22.
[④] Chen C，Song M.Visualizing a field of research: A methodology of systematic scientometric reviews[J].PLoS one，2019，14（10）：e0223994.

文献样本收集表　　　　　　表 4-2

文献样本	样本范围					文献数量
	样本来源	文献类型	时间跨度	搜索主题	学科	
甲	CNKI 数据库	基金文献	2008 年起	见注 1	环境科学与资源利用	1486
乙			2010 年起		工业经济	432
丙	北大核心、CSSCI、CSCD 来源的学术期刊		2008 年起		建筑科学与工程	632
丁			2008 年起		宏观经济管理与可持续发展	389
戊			2010 年起		动力工程	156
庚			2005 年起		全部	2827

注：1. 搜索主题为"建筑 碳中和""建筑 碳达峰""建筑 碳排放""建筑 低碳""建筑 零碳"或"建筑 负碳"。
2. 由于部分文献为跨学科研究成果，且还有部分未单列学科，所以合并学科后的文献总数不等于甲、乙、丙、丁、戊文献数量之和。
3. 文献搜索日期为 2023 年 4 月 20 日。

4.1.3 研究过程热点分析

1. 总体趋势

使用知网自带功能，对文献检索结果进行计量可视化分析，得到相关文献总体趋势分析图（图 4-1）与学科分布图（图 4-2）。可以看出，在"十四五"期间，国内面向"双碳"领域的建筑相关研究文献数量呈现短时间内快速增长的态势。而在学科分布方面，环境科学与资源利用、建筑科学与工程、工业经济三个方向占据整个文献数量的一半以上。

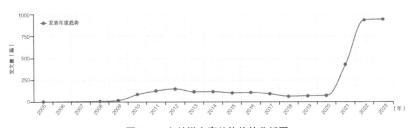

图 4-1　文献样本庚总体趋势分析图

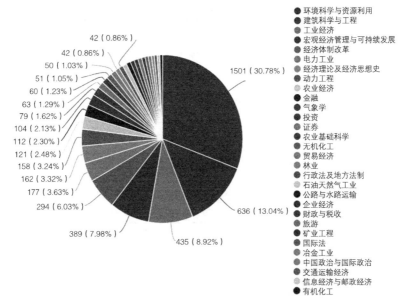

图 4-2 文献样本庚学科分布图

2. 机构情况

用文献样本庚进行机构聚类分析,如图 4-3 所示。从图中可以看出中国科学院大学、中国建筑科学研究院有限公司、中国社会科学院、中国人民大学、清华大学等高校院所均在本领域形成了各自的机构合作网络。知网统计显示,清华大学、中国科学院大学、天津大学、同济大学、西安建筑科技大学为发文量最高的 5 家机构(图 4-4)。

3. 作者情况

用文献样本庚进行作者聚类分析,如图 4-5 所示。从图中可以看出徐伟、张时聪、严刚、蔡博峰、王灿等专家学者均在本领域形成了各自的合作团队。知网统计显示,中国建筑科学研究院有限公司徐伟与张时聪、中国社会科学院庄贵阳、北京建筑大学郝晓地、生态环境部环境规划院蔡博峰为发文量最高的 5 位专家学者(图 4-6)。

第 4 章 面向"双碳"的建筑节能政策

图 4-3　文献样本庚机构合作情况

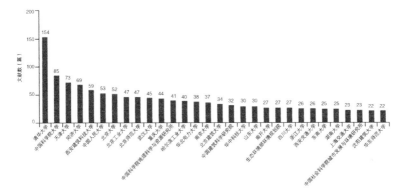

图 4-4　文献样本庚机构分布情况

图 4-5　文献样本庚作者合作情况

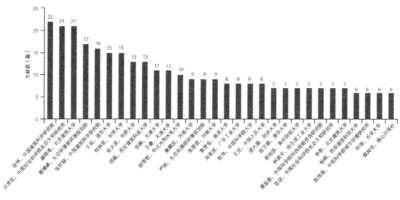

图 4-6 文献样本庚作者发文情况

4. 关键词突现分析

文献样本的关键词突现图呈现了面向"双碳"领域的建筑相关研究在不同阶段的研究热点演变。从图 4-7 可知，突变强度最大的 5 个关键词为低碳经济（2005~2015 年）、低碳城市（2008~2018 年）、碳排放（2013~2020 年）、建筑业（2012~2019 年）、低碳（2010~2019 年）。其中低碳这个词含义很广，将其置于建筑业的语境中，通过低碳经济、低碳城市、低碳社区、低碳建筑等关键词去品味，更能贴近建筑领域的低碳探索与实践。另外，这些关键词突变得并没那么突然，反而相互间存在大量的时间线重叠。这也是因为在多学科交融的背景下，各方研究起步时间有先后，持续时间有长短。如果将关键词突变观察对象仅限于建筑科学与工程学科（文献样本丙，图 4-8），其阶段区分则清晰了不少，低碳城市研究与建筑业研究及后来的碳中和、碳达峰、碳减排研究在一个时间段上有明显的区别。

1）低碳经济与低碳城市

低碳经济作为一种更少资源消化、更少环境污染的经济发展模式，最先由英国在《我们未来的能源——创建低碳经济》中提出。低碳城市作为低碳经济的一个研究重要方向，国外有学者通过城市的碳排放计算模型、城市碳排放构成要素及情景分析法对低碳城市进行深入研究，但其所用于研究的预测模型、能源模型及建立在这些模型基础上的制度设计、政策制定是基于西方发达国家的国情，与发展中国家经济结构与特点存有差异，研究成果的适应性存在一定问题[①]。对于我国而言，低碳经济是实践生态文明的重要内容与途径，低碳城市的建设工作对其构成了关键支撑。我国学界就此开展的研究活动，基本是在现有技术条件下，对气候变化这个全球问题的积极响应，也是对我国经济社会可持续发展的积极思考。但低碳城市的建设并不容易，不仅在宏观层面要从城市生态修复与城市肌理有机更新等角度考量低碳城市建设问题，中观层面亦要推进绿色低碳社区创建与可再生能源规模化应用及化石能源替代问题，微观层面还要通过推广建筑节能与绿色建筑来践行，细节方面更要落实好被动式与主动式节能技术、要关注住宅能耗。辛章平等[②]在 2008 年对"低碳城市"和"低碳经济"的概念进行了描述，对"低碳城市"和"低碳经济"的关系进行了解释。付允等[③]阐述了低碳城市的理论内涵，通过低碳城市的发展路径系统框架图，描绘了基底低碳、结构低碳、方式低碳和支撑低碳的"低碳城市"发展路径。2010 年，李启明[④]等对"低碳建筑"从概念、内涵及理念等方面进行了阐述；龙惟定[⑤]等提出对"低碳建筑"用"建筑利用中的人均碳排放指标"等因素进行评价。同年，国家发展改革委发出通知，要求立足国情，建设以低碳排放为特征的产业体系和消费模式，确定在 5 省 8 市开展低碳省区和低碳城市试点工作。2011 年初，我国在"十二五"规划中提出树立绿色、低碳发展理念，加快低碳技术研发应用，探索建立低碳产品标准、标识和认证制度，推进低碳试点示范，通过绿色发展，建设资源节约型、环境友好型社会，以积极应对全球气候变化。2011 年底，党的十八大提出要大力推进生态文明建设，着力

---

① 倪外，曾刚. 国外低碳经济研究动向分析 [J]. 经济地理，2010，30（8）：1240-1247.
② 辛章平，张银太. 低碳经济与低碳城市 [J]. 城市发展研究，2008（4）：98-102.
③ 付允，汪云林，李丁. 低碳城市的发展路径研究 [J]. 科学对社会的影响，2008（2）：5-10.
④ 李启明，欧晓星. 低碳建筑概念及其发展分析 [J]. 建筑经济，2010（2）：41-43.
⑤ 龙惟定，张改景，梁浩，等. 低碳建筑的评价指标初探 [J]. 暖通空调，2010，40（3）：6-11.

低碳发展，支持可再生能源发展，支撑节能低碳产业。2012年，以探讨适宜不同类型、不同发展阶段、不同产业特征和资源禀赋地区的绿色低碳发展道路和模式，从而推动我国低碳经济发展为目的的第二批低碳城市试点工作全面展开。2017年，第三批试点低碳城市新设 CO_2 排放峰值考核目标，对碳达峰进行了实践尝试[①]。

关键词	年份	突现强度	开始时间	结束时间	2005~2023年
低碳经济	2005	61.49	2005	2015	
低碳城市	2008	53.49	2008	2018	
低碳社区	2008	3.95	2008	2020	
节能减排	2009	4.25	2009	2020	
低碳	2010	19.01	2010	2019	
低碳建筑	2010	9.39	2010	2016	
绿色建筑	2010	6.91	2010	2015	
低碳旅游	2010	6.51	2010	2016	
低碳产业	2010	5.86	2010	2013	
路径	2010	5.54	2010	2013	
建筑节能	2010	4.69	2010	2015	
低碳技术	2010	4.46	2010	2016	
指标体系	2011	7.29	2011	2018	
评价	2011	6.07	2011	2018	
生命周期	2011	5	2011	2015	
建筑业	2012	17.27	2012	2019	
低碳发展	2005	6.32	2012	2020	
城市规划	2012	4.26	2012	2014	
投入产出	2012	4.12	2012	2016	
碳排放	2009	39.07	2013	2020	
影响因素	2012	7.12	2013	2020	
公共建筑	2014	6.61	2014	2020	
厌氧消化	2014	4.5	2014	2018	
剩余污泥	2014	4.5	2014	2018	
城镇化	2015	4.98	2015	2021	

图4-7 文献样本庚关键词突现图

[①] 陈一欣，曾辉．我国低碳社区发展历史、特点与未来工作重点 [J/OL]．生态学杂志：1-6 [2023-05-03]．http://kns.cnki.net/kcms/detail/21.1148.Q.20220516.1700.002.html．

第 4 章 面向"双碳"的建筑节能政策

关键词	年份	突现强度	开始时间	结束时间	2008~2023年
低碳城市	2008	4.98	**2008**	2011	
低碳	2010	4.67	**2010**	2011	
低碳建筑	2010	3.77	**2010**	2012	
城市规划	2010	2.69	**2012**	2014	
生命周期	2014	2.71	**2014**	2015	
建筑业	2012	8.02	**2015**	2019	
碳中和	2021	15.27	**2021**	2023	
碳达峰	2021	7.01	**2021**	2023	
碳减排	2021	2.63	**2021**	2023	

图 4-8 文献样本丙关键词突现图

2）低碳社区

关键词"低碳社区"的突现始于 2008 年，这要远早于《关于开展低碳社区试点工作的通知》的印发时间（2014 年）。从环境影响的角度看，低碳社区因其对外部依赖降低，所以也可看作是一类可持续社区。英国贝丁顿社区、德国弗班社区、瑞典韦克舍市的低碳案例证明，日常工作与生活可以在降低碳排放的同时，并不降低生活的舒适度[①②]。2015 年，国家发展改革委办公厅颁布《低碳社区试点建设指南》，将低碳社区定义为"通过构建气候友好的自然环境、房屋建筑、基础设施、生活方式和管理模式，降低能源资源消耗，实现低碳排放的城乡社区"[③]。由此不难理解低碳社区建设，就是在新型城镇化背景下，形成以人为本和绿色低碳的社区运行模式、控制居民生活领域温室气体排放过快增长的重要探索[④]。因此，从绿色发展的角度看，低碳社区可作为低碳城市体系里的基本功能单元，成为低碳社会的基层组织。以低碳城市内涵重要载体的身份，把低碳

---

① 李志英，陈江美.低碳社区建设路径与策略[J].安徽农业科学，2010，38（21）：11516-11518.
② 辛章平，张银太.低碳社区及其实践[J].城市问题，2008，159（10）：91-95.
③ 国家发展改革委办公厅.关于印发低碳社区试点建设指南的通知(发改办气候〔2015〕362 号)[EB/OL].（2015-02-12）[2023-04-30].https://zfxxgk.ndrc.gov.cn/web/iteminfo.jsp?id=2137.
④ 付琳，张东雨，杨秀.低碳社区评价指标体系研究[J].环境保护，2019，47（15）：39-46.

社区纳入可持续发展战略体系，将成为实践生态文明建设的原动力。2016年，《生态社区评价指南》20161717-T-469得到国家市场监管总局批准发布，为生态社区建设提供了评价技术方法和依据，也为低碳社区建设提供了另一条可行的路径。纪晓岚等[①]认为城市低碳社区建设的过程实质上是国家宏观政策引导全体公民培养低碳生活方式、消费方式，形成低碳行为习惯的规范形成过程，也是在全球环境治理背景下的中国实践。2017年，张军等[②]在归纳低碳社区发展框架时，将理论发展路径总结为"低碳经济→低碳社会→低碳城市→低碳社区"。2018年，石龙宇等[③]总结了创新型规划、资源型规划和学习型规划三种可持续框架下的低碳社区规划模式，并提出了制定可持续的发展目标及规划、政府主导与社区共建相结合、多尺度规划和多举措建设相匹配三种低碳社区规划策略。2020年，住房和城乡建设部会同国家发展改革委、民政部等5部门联合印发《绿色社区创建行动方案》，宣告以广大城市社区为创建对象，将绿色发展理念贯穿社区设计、建设、管理和服务等活动的全过程，以简约适度、绿色低碳的方式，推进社区人居环境建设和整治，不断满足人民群众对美好环境与幸福生活的向往[④]。低碳社区建设就此展开全新篇章。

3）低碳建筑

2010年，赵黛青等[⑤]提出低碳建筑是一种基于低碳经济理念的建筑发展策略。2013年，叶祖达[⑥]指出在面对全球气候变化时，城市要通过低碳绿色建筑建设手段去控制城市化带来的碳排放。王崇

[①] 纪晓岚，王世靓. 城市低碳社区建设的多元行动系统及其解释——基于理性行动理论的分析[J]. 湖湘论坛，2016, 29 (6)：93-98.
[②] 张军，赵世宽. 低碳社区的系统设计与社会创新实践策略研究[J]. 包装工程，2017, 38 (12)：27-31.
[③] 石龙宇，许通，高莉洁，等. 可持续框架下的城市低碳社区[J]. 生态学报，2018, 38 (14)：5170-5177.
[④] 住房和城乡建设部. 住房和城乡建设部等部门关于印发绿色社区创建行动方案的通知[EB/OL].（2020-07-29）[2023-04-30].https://www.mohurd.gov.cn/gongkai/zhengce/zhengcefilelib/202007/20200729_246580.html.
[⑤] 赵黛青，张哺，蔡国田. 低碳建筑的发展路径研究[J]. 建筑经济，2010, 328 (2)：47-49.
[⑥] 叶祖达. 低碳绿色建筑 从政策到经济成本效益分析[M]. 北京：中国建筑工业出版社，2013：146.

杰等[1]认为在现阶段应追求和发展适合我国国情的低碳建筑，只要在房屋建造与运营维护过程中于建筑节能减排框架下是合法合规的，这种建筑在当前阶段就可以称之为低碳建筑，此低碳是相对于过去高能耗建筑的碳排放而言，是适合我国国情的低碳建筑。沈满洪等[2]认为低碳建筑的本质在于"一个中心"——低碳排量和"两个基本点"——能源结构和能源效率，也是低碳经济在建筑领域的一种具体形态。由上述观点可知，"低碳建筑"同"低碳城市"一起，均可视为建筑业对环境问题的反思[3]，也是向生态文明建设工作交出的一份答卷。在这幅新时代"富春山居图"中，城市是经济载体，建筑是使用者的能耗平台[4]，面向低碳环保的低碳意识、低碳消费是新风尚。显而易见的是"低碳建筑"更需要强调碳排放的量化评估指标[5]，而不再是简单的技术措施的叠加。另一方面需要注意的是，当建筑从碳达峰走向碳中和的时候，建筑物使用可再生能源的比例及建筑物能源使用效率的提升会是一个变化的值，因而过去在建筑节能中使用的常规数值模拟方法，需要总结经验、观照趋势、推动模拟方法迭代升级，才能跟上"双碳"时代前进的脚步。

4）碳排放与建筑业

当前热议的"30·60"双碳目标，就是指我国的二氧化碳排放力争于2030年前达峰，努力于2060年前实现碳中和。毫无疑问，碳排放作为"30·60"双碳目标的核心控制性指标，正是生态文明建设的显性检验成果。同样的，"碳排放"也是国内建筑领域碳达峰、碳中和研究领域里关键词中的核心关键词之一。2011年，我国第十二个五年规划纲要公布，提出要"综合运用调整产业结构和能源结构、节约能源和提高能效、增加森林碳汇等多种手段，大幅度降

---

[1] 王崇杰, 薛一冰. 节能减排与低碳建筑 [J]. 工程力学, 2010, 27（S2）: 42-47.
[2] 沈满洪, 王隆祥. 低碳建筑研究综述与展望 [J]. 建筑经济, 2012, 362（12）: 67-70.
[3] 邹晓周, 曲菲. 绿色节能主义之低碳建筑 [J]. 建筑节能, 2009, 37（4）: 75-78.
[4] 龙惟定, 张改景, 梁浩, 等. 低碳建筑的评价指标初探 [J]. 暖通空调, 2010, 40（3）: 6-11.
[5] 王俊, 王有为, 林海燕, 等. 我国绿色低碳建筑技术应用研究进展 [J]. 建筑科学, 2013, 29（10）: 2-9, 33.

低能源消耗强度和二氧化碳排放强度……"[1] 2012 年，祁神军等[2] 基于投入产出分析模型、生态投入产出分析模型与《建筑业碳排放系统计量方法》[3] 的基础数据，构建了产业碳排放关联特性与波及特性模型，分析得出建筑业的碳排放影响力和影响力系数在 135 个产业中排在第 24 位。2013 年，张智慧等[4] 提出了建筑业关联碳排放、关联碳排放系数和碳排放拉动系数概念。并通过投入产出分析测算出建筑业的间接碳排放量始终占关联碳排放的 95% 左右。其中，关联碳排放指直接碳排放与间接碳排放。建筑业直接碳排放是指建筑业自身活动产生的碳排放，建筑业间接碳排放则是指建筑业诱发其他行业产生的碳排放，即建筑业对其他行业的碳排放拉动作用。2015 年，杜强等[5] 通过建立建筑业碳排放库兹涅茨曲线和弹性脱钩模型，发现产业价值创造和减排弹性脱钩是实现碳排放与经济发展脱钩的主要影响因素。2018 年，樊琳梓等[6] 采用 LMDI 分解法将影响建筑业碳排放的因素分为建筑能源消耗强度、劳动生产效率、建筑业就业贡献、建筑业价值效用和建筑业产业规模，并分析得出建筑业优化升级对碳排放增加量的影响程度最深的指标依次为价值效应、技术效率和低碳化水平。上述学者所采用的投入产出分析模型与影响因素分析，是这段时间内建筑业碳排放的主要研究方法。与建筑业不同的是，单栋建筑和建筑群的碳排放计算与建筑全寿命周期（部分文献称之为全生命周期）的概念脱不开关系。2010 年，王微等[7] 就碳

---

[1] 中国政府网. 国民经济和社会发展第十二个五年规划纲要（全文）[EB/OL]. (2011-03-16) [2023-04-30]. http://www.gov.cn/2011lh/content_1825838_7.htm.
[2] 祁神军, 张云波. 建筑业与其它产业的碳排放关联特性和波及特性研究 [J]. 建筑科学, 2012, 28 (12): 85-89, 107.
[3] 陈国谦, 等. 建筑碳排放系统计量方法 [M]. 北京: 新华出版社, 2010.
[4] 张智慧, 刘睿劼. 基于投入产出分析的建筑业碳排放核算 [J]. 清华大学学报（自然科学版），2013, 53 (1): 53-57.
[5] 杜强, 张诗青. 中国建筑业能源碳排放环境库兹涅茨曲线及影响脱钩因素分析 [J]. 生态经济, 2015, 31 (12): 59-62, 69.
[6] 樊琳梓, 李爽, 裴志海. 中国建筑业优化升级对其碳排放影响的分阶段研究 [J]. 技术经济, 2018, 37 (8): 96-105.
[7] 王微, 林剑艺, 崔胜辉, 等. 碳足迹分析方法研究综述 [J]. 环境科学与技术, 2010, 33 (7): 71-78.

足迹的概念、计算方法、应用进行归纳,在计算方法中提到计算模型均需建立在依据全生命周期评价的基本原理之上。2011年,尚春静等[①]基于全生命周期(LCA)评价理论,界定了碳排放核算范围,建立了建筑全生命周期碳排放的核算模型,并用北京某小区的住宅建筑进行了核算和分析。2019年住房和城乡建设部发布了《建筑碳排放计算标准》,为单栋建筑和建筑群提供了计算建筑全寿命周期碳排放的标准。

5. 研究热点分析

关键词聚类时间线图是在关键词聚类的基础上勾画出的聚类之间的关系和某个聚类中文献的历史跨度[②]。为了更加直观地审视面向双碳领域的建筑相关研究的热点,选择各样本文献中词频最多的10个关键词进行汇总(表4-3)。可以观察到,细分学科文献样本(甲、乙、丙、丁、戊)除去"碳达峰""碳中和"两个核心关键词,各文献样本均有自己的高频关键词。再结合各文献样本的关键词聚类时间线图(图4-9~图4-14),就会发现到无论是要早日碳达峰,或是将来实现碳中和,在各关键字聚类图中都显示出"新能源""能源结构""能源转型""低碳转型""碳排放"这几个关键词。由此可以关注到如下三个研究热点。

文献样本高频关键词汇总表　　表4-3

文献样本甲						文献样本乙					
序号	关键词	频次	序号	关键词	频次	序号	关键词	频次	序号	关键词	频次
1	碳中和	600	6	气候变化	46	1	碳中和	185	6	低碳经济	17
2	碳达峰	358	7	影响因素	39	2	碳达峰	107	7	低碳转型	16
3	碳排放	253	8	碳汇	32	3	建筑业	41	8	新能源	14
4	碳减排	50	9	建筑业	32	4	碳排放	39	9	氢能	13
5	低碳城市	48	10	低碳经济	29	5	能源转型	28	10	情景分析	12

---

① 尚春静,张智慧.建筑生命周期碳排放核算[J].工程管理学报,2010,24(1):7-12.
② 陈悦,陈超美,刘则渊,等.CiteSpace知识图谱的方法论功能[J].科学学研究,2015,33(2):242-253.

续表

	文献样本丙						文献样本丁				
序号	关键词	频次	序号	关键词	频次	序号	关键词	频次	序号	关键词	频次
1	碳排放	80	6	低碳建筑	28	1	低碳经济	104	6	低碳	15
2	建筑业	40	7	绿色建筑	23	2	低碳城市	83	7	低碳发展	14
3	碳中和	38	8	碳达峰	18	3	碳排放	45	8	节能减排	11
4	低碳	34	9	公共建筑	14	4	碳中和	34	9	城镇化	10
5	低碳城市	34	10	建筑节能	12	5	碳达峰	17	10	低碳技术	9
	文献样本戊						文献样本庚				
序号	关键词	频次	序号	关键词	频次	序号	关键词	频次	序号	关键词	频次
1	碳中和	96	6	能源革命	7	1	碳中和	1026	6	气候变化	85
2	碳达峰	27	7	能源消费	6	2	碳达峰	472	7	低碳	81
3	能源转型	20	8	新能源	6	3	碳排放	339	8	碳减排	65
4	氢能	7	9	碳排放	5	4	低碳经济	159	9	低碳发展	45
5	气候变化	7	10	化石能源	5	5	低碳城市	154	10	影响因素	45

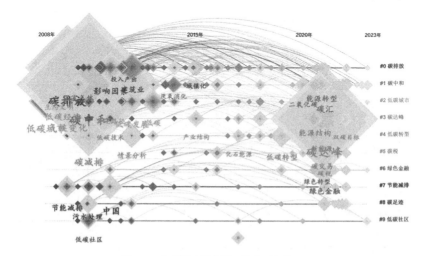

图4-9 文献样本甲关键词聚类时间线图

第4章 面向"双碳"的建筑节能政策

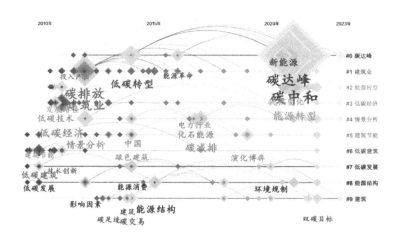

图4-10 文献样本乙关键词聚类时间线图

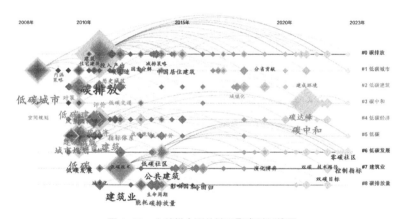

图4-11 文献样本丙关键词聚类时间线图

1)针对建造过程资源浪费的低碳转型研究

肖绪文等[1]认为绿色建造的本质是以保护环境和节约资源为前提的一种工程建设生产活动,其主要为一种过程,是建筑的生成阶段。也可以将其理解为在绿色施工的基础上,向前延伸至施工图设计的一种施工组织模式。实施绿色建造将能最大限度利用场地资源,加

---

[1] 肖绪文,冯大阔.我国推进绿色建造的意义与策略[J].施工技术,2013,42(7):1-4.

105

强建筑废弃物的回收利用，减少资源消耗。王波等[1]进一步提出智能建造是建筑业绿色低碳转型的必然选择。因为要从"数量取胜"转向"质量取胜"，从"经济效益优先"转向"绿色发展优先"，从"要素驱动"转向"创新驱动"，就得把智能建造作为重要手段来使用。沿着建筑数字化—建筑智能化—建筑智慧化的产业发展趋势，智能建造将为建筑业绿色低碳转型提供科学技术支撑，为建筑业绿色低碳转型过程多元主体协同治理效率的提高提供有力支持。

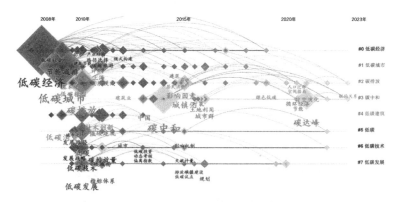

图4-12 文献样本丁关键词聚类时间线图

2）针对能源结构，实施能源消费侧的"电能替代"的能源转型研究

能源消费侧的"电能替代"是相对于能源生产侧的"清洁替代"而言的。舒印彪等[2]认为通过实施再电气化，用电能替代建筑领域的煤炭、石油、天然气消费，将大幅减少二氧化碳和污染物排放。张平[3]在研究中指出如果发电源头是太阳能等再生能源，则消费电力

---

[1] 王波,陈家任,廖方伟,等.智能建造背景下建筑业绿色低碳转型的路径与政策[J].科技导报，2023，41（5）：60-68.
[2] 舒印彪,谢典,赵良,等.碳中和目标下我国再电气化研究[J].中国工程科学，2022，24（3）：195-204.
[3] 张平.中国经济绿色转型的路径、结构与治理[J].社会科学战线，2022，326（8）：69-81,281.

本身是无碳排放的。由于再生能源使用的边际成本趋向于零,那么产业电气化就是低碳排放,也就具有了可持续的低成本竞争力。且按照壳牌集团的预测,2060年中国电气化率将达到60%……建筑能源供给将全面实现电气化。刘晓华等[①]认为要实现建筑能源系统的低碳甚至零碳目标,不仅需要实现建筑用能电气化,还需将建筑从单纯的能源消费者角色转变为可实现自身可再生能源生产、能源消费、能量调蓄的功能复合体,集"源、储、网、荷"多种特质于一体,由此方可为整个能源系统的低碳甚至零碳目标做出积极贡献。

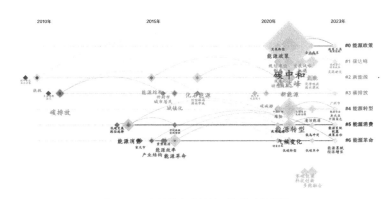

图4-13 文献样本戊关键词聚类时间线图

3)针对碳排放,推行绿色低碳建筑的研究

郭朝先[②]认为,一方面我国城乡建筑中很大部分建筑并不属于节能型建筑,另一方面我国建筑行业的排放水平又对实现碳中和目标构成了挑战。所以,要建设低碳或"碳中和"的建筑环境,就必须同时解决新建建筑和既有建筑的节能问题,推行绿色低碳建筑,才能减少内含碳排放和运营碳排放。张时聪等[③]也认为虽然节能建筑

---

① 刘晓华,张涛,刘效辰,等.面向双碳目标的建筑能源系统再认识[J].力学学报,2023,55(3):699-709.
② 郭朝先.2060年碳中和引致中国经济系统根本性变革[J].北京工业大学学报(社会科学版),2021,21(5):64-77.
③ 张时聪,王珂,杨芯岩,等.建筑部门碳达峰碳中和排放控制目标研究[J].建筑科学,2021,37(8):189-198.

已超过城市建筑占比 50% 以上，但仍有大量建筑具有节能低碳改造潜力。"30·60"碳中和目标下，新建建筑能效提升贡献率可达 22.65%、既有建筑低碳改造贡献率则为 11.07%。

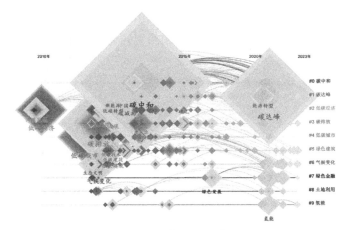

图 4-14　文献样本庚关键词聚类时间线图

4.2　面向"双碳"的建筑政策动态

2021 年 9 月 22 日，《中共中央 国务院关于完整准确全面贯彻新发展理念做好碳达峰碳中和工作的意见》（以下简称《贯彻意见》）发布。按照《贯彻意见》指示，建筑领域一要制定碳达峰实施方案，二要大幅提升能源利用效率，三要推进城乡建设和管理模式低碳转型，四要大力发展节能低碳建筑，五要加快优化建筑用能结构[①]。

2021 年 10 月 21 日，中共中央办公厅、国务院办公厅印发了《关于推动城乡建设绿色发展的意见》（以下简称《发展意见》）。《发展意见》围绕到 2025 年与到 2035 年的城乡建设绿色发展目标提出了指导意见。在推进城乡建设一体化发展方面，要求促进区域和城市

---

① 国务院办公厅. 中共中央 国务院关于完整准确全面贯彻新发展理念做好碳达峰碳中和工作的意见 [EB/OL].（2021-10-24）[2023-04-30].http://www.gov.cn/zhengce/2021/10/24/content_5644613.htm.

群绿色发展、建设人与自然和谐共生的美丽城市、打造绿色生态宜居的美丽乡村。在转变城乡建设发展方式上，要求建设高品质绿色建筑、提高城乡基础设施体系化水平、加强城乡历史文化保护传承、实现工程建设全过程绿色建造、推动形成绿色生活方式。在创新工作方法方面，要求统筹城乡规划建设管理、建立城市体检评估制度、加大科技创新力度、推动城市智慧化建设、推动美好环境共建共治共享[1]。

2021年10月24日，国务院印发《2030年前碳达峰行动方案》（以下简称《行动方案》）。《行动方案》在《意见》的基础上，对建筑领域提出还应实施节能降碳重点工程，推进先进绿色建筑技术示范应用；在推进城乡建设绿色低碳转型方面，规划设计上要倡导绿色低碳规划设计理念，绿色设计要强化，材料上要推广绿色低碳建材和绿色建造方式，包括新型建筑工业化、装配式建筑、钢结构住宅，以推动建材循环利用，管理上要推动建立以绿色低碳为导向的城乡规划建设管理机制，制定建筑拆除管理办法，杜绝大拆大建[2]。

2022年6月30日，住房和城乡建设部与国家发展改革委联合发布《城乡建设领域碳达峰实施方案》[3]（以下简称《实施方案》）。《实施方案》是在城乡建设工作上落实《意见》与《行动方案》的具体举措，是实现2030年前城乡建设领域碳排放达到峰值、2060年前城乡建设方式力争全面实现绿色低碳转型的系统谋划与顶层设计。《实施方案》在宏观上对城市结构和布局提出优化要求，在中观上对社区（街区）建设提出绿色低碳化指导意见，在微观上对住宅建设提出绿色低碳详细措施，在目标上给绿色低碳建筑设定定量化数据，在技术上圈定

---

[1] 国务院办公厅.中共中央办公厅 国务院办公厅印发《关于推动城乡建设绿色发展的意见》[EB/OL].（2021-10-21）[2023-04-30].http://www.gov.cn/zhengce/2021/10/21/content_5644083.htm.

[2] 国务院办公厅.国务院关于印发2030年前碳达峰行动方案的通知 [EB/OL].（2021-10-26）[2023-04-30].http://www.gov.cn/zhengce/content/2021/10/26/content_5644984.htm.

[3] 住房和城乡建设部.住房和城乡建设部 国家发展改革委关于印发城乡建设领域碳达峰实施方案的通知 [EB/OL].（2022-07-13）[2023-04-30].https://www.mohurd.gov.cn/gongkai/zhengce/zhengcefilelib/202207/20220713_767161.html.

提高基础设施运行效率、优化城市建设用能结构、推进绿色低碳建造三大策略。而且在县城和乡村绿色低碳化打造方面，总体上确定提升县城绿色低碳水平、营造自然紧凑乡村格局，技术上的路径明确为推进绿色低碳农房建设、推进生活垃圾污水治理低碳化、推广应用可再生能源（图4-15）。

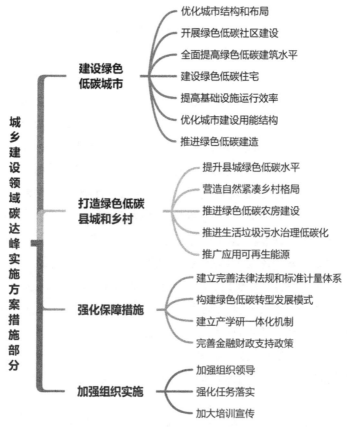

图4-15 《城乡建设领域碳达峰实施方案》措施部分示意图
（注：按《城乡建设领域碳达峰实施方案》[①]文件内容整理绘制）

---

① 住房和城乡建设部. 住房和城乡建设部 国家发展改革委关于印发城乡建设领域碳达峰实施方案的通知 [EB/OL]. (2022-07-13) [2023-04-30]. https://www.mohurd.gov.cn/gongkai/zhengce/zhengcefilelib/202207/20220713_767161.html.

4.3 小结

自党的十八大提出建设生态文明以来，节约资源和保护环境的空间格局、产业结构与生产、生活方式基本形成，节能低碳产业得到了长足发展。国内面向双碳领域的建筑相关研究从宏观经济研究、工业经济研究中汲取营养，已逐步形成较完整的研究网络，有了一批关键节点文献和阶段性研究成果，为后续研究打下了坚实的基础。从进展看，学界已经把建筑产业和能源格局、社会经济演化过程结合起来进行分析与评价，重视社会维度、经济维度、能源维度对建筑领域的影响。碳排放效率和影响因素成为当前建筑领域碳中和的研究前沿，相关研究趋向于如何更准确预测与估算碳排放量而进行分析与评价。

相较而言，能源领域、工业领域、农业领域在各自的碳中和研究上走得更靠前些。面向"双碳"领域的建筑相关研究还要多考虑如何服务经济社会发展大局，如何将新基建、新型城镇化与碳达峰、碳中和融合的问题。面对新场景、新实践和新趋势，一方面要坚持正确政治方向，从宏观层面去思考，从构筑国家竞争新优势的战略高度出发；另一方面要加速研究内容的重构，同时拓展学科视野与主题，构建新的知识图景，彰显"双碳"时代内涵与中国特色。即以发展全面绿色转型为引领，以低碳发展为突破点，扎根中国大地，以研究和解决建筑领域"双碳"实践中的复杂问题为依归，助力形成节约资源和保护环境的建筑产业结构，坚定不移走生态优先、绿色低碳的高质量发展道路，这就是当下建筑领域"双碳"之路最现实的选择。

节能减排之事任重而道远。建筑节能政策的完善既依赖于本土国情下的理论构建，也依赖于实践经验的积累，每一步前进都由事实组成，就像用砖石搭建房屋。但建筑领域的节能减排在基层要怎样落地，每个地方可能都有自己的认识，一方面由于受限于技术瓶颈，可能在执行的某些方面会有相似；另一方面，碳环境效率、经济效益和资源特点等外部性区别又真实存在。比如山西、内蒙古、河北、贵州等地因煤炭资源丰富而使得煤炭消费比重较高，东北和西南地区却又因生物质能源优势而使其生物质能源使用比例高于其他地区[1]。所以在政策实施场景上，总归是有差异的，依然需要针对不同地区的经济、社会、产业差异来制定不同政策。建筑节能政策从试点走向扩散，从点状分散到系统化建章立制，不断有新的建筑节能政策通过"局部试点—中央认可—全国推广"这种渐进主义[2]路径走向地方基层，或许临到一线项目上时，因地制宜这个熟悉的不能再熟悉的词，才是我们知易行难的那道坎。

---

[1] 刘晓龙，葛琴，姜玲玲，等．基于农村能源革命的生态文明建设典型范式和实施路径研究[J]．中国工程科学，2019，21（5）：106-112．
[2] 朱亚鹏．政策创新与政策扩散研究述评[J]．武汉大学学报（哲学社会科学版），2010，63（4）：565-573．

附录1：建筑节能与绿色建筑标准一览

此附录列出的标准、规范收集自住房和城乡建设部网站[1]、全国标准信息公共服务平台网站[2]、中国工程建设标准化协会网站[3]、中国建筑工业出版社网站[4]、工标网[5]《建筑技术科学（建筑物理）书目索引》[6]，受限于搜集渠道和个人认知，可能存有遗漏和偏差。

标准类别：
GB：国家标准
DB：地方标准
JG：建筑工业行业标准
JGJ：建工行业建设标准
CBDA：中国建筑装饰协会
CABEE：中国建筑节能协会
CSUS：中国城市科学研究会
CECS：中国工程建设标准化协会
+/T：推荐性标准

---

[1] 住房和城乡建设部 http://www.gov.cn/
[2] 国家市场监督管理总局 国家标准化管理委员会 https://std.samr.gov.cn/
[3] 中国工程建设标准化协会 http://www.cecs.org.cn
[4] 中国建筑出版在线 https://cabp.com.cn/index
[5] 工标网 http://www.csres.com/
[6] 曾理，万志美，徐建业等编.建筑技术科学（建筑物理）书目索引[M].北京：中国建筑工业出版社，2016.06.

一、建筑节能

国家标准

01 GB/T 39583—2020《既有建筑节能改造智能化技术要求》

02 GB 50176—2016《民用建筑热工设计规范》（GB 50176—93 已废止）

03 GB 50178—93《建筑气候区划标准》

04 GB 50189—2015《公共建筑节能设计标准》（GB 50189—93、GB 50189—2005 已废止）

05 GB 50404—2017《硬泡聚氨酯保温防水工程技术规范》（GB 50404—2007 已废止）

06 GB 50411—2019《建筑节能工程施工质量验收标准》（GB 50411—2007 已废止）

07 GB 50495—2019《太阳能供热采暖工程技术标准》

08 GB/T 50668—2011《节能建筑评价标准》

09 GB 50787—2012《民用建筑太阳能空调工程技术规范》

10 GB/T 50801—2013《可再生能源建筑应用工程评价标准》

11 GB/T 50824—2013《农村居住建筑节能设计标准》

12 GB/T 51140—2015《建筑节能基本术语标准》

13 GB/T 51350—2019《近零能耗建筑技术标准》

14 GB/T 51366—2019《建筑碳排放计算标准》

15 GB 55015—2021《建筑节能与可再生能源利用通用规范》

建筑工业行业标准

01 JG/T 158—2013《胶粉聚苯颗粒外墙外保温系统材料》

02 JG/T 175—2011《建筑用隔热铝合金型材》

03 JG/T 206—2018《外墙外保温用丙烯酸涂料》（JG/T 206—2007 已废止）

04 JG/T 228—2015《建筑用混凝土复合聚苯板外墙外保温材料》

05 JG/T 235—2014《建筑反射隔热涂料》（JG/T 235—2008 已废止）

06 JG/T 287—2013《保温装饰板外墙外保温系统材料》

07 JG/T 314—2012《聚氨酯硬泡复合保温板》

08 JG/T 338—2011《建筑玻璃用隔热涂料》

09 JG/T 360—2012《金属装饰保温板》

10 JG/T 366—2012《外墙保温用锚栓》

11 JG/T 384—2012《门窗幕墙用纳米涂膜隔热玻璃》

12 JG/T 407—2013《自保温混凝土复合砌块》

13 JG/T 420—2013《硬泡聚氨酯板薄抹灰外墙外保温系统材料》

14 JG/T 432—2014《建筑结构保温复合板》

15 JG/T 435—2014《无机轻集料防火保温板通用技术要求》

16 JG/T 448—2014《既有采暖居住建筑节能改造能效测评方法》

17 JG/T 469—2015《泡沫玻璃外墙外保温系统材料技术要求》

18 JG/T 480—2015《外墙保温复合板通用技术要求》

19 JG/T 483—2015《岩棉薄抹灰外墙外保温系统材料》

20 JG/T 511—2017《建筑用发泡陶瓷保温板》

21 JG/T 513—2017《钢边框保温隔热轻型板》

22 JG/T 515—2017《酚醛泡沫板薄抹灰外墙外保温系统材料》

23 JG/T 517—2017《工程用中空玻璃微珠保温隔热材料》

24 JG/T 532—2018《建筑用表面玻璃化膨胀珍珠岩保温板》

25 JG/T 536—2017《热固复合聚苯乙烯泡沫保温板》

26 JG/T 561—2019《预制保温墙体用纤维增强塑料连接件》

27 JG/T 577—2022《外墙外保温用防火分隔条》

建工行业建设标准

01 JGJ 26—2018《严寒和寒冷地区居住建筑节能设计标准》（JGJ 26—2010 已废止）

02 JGJ 75—2012《夏热冬暖地区居住建筑节能设计标准》（JGJ 75—2003 已废止）

03 JGJ 134—2010《夏热冬冷地区居住建筑节能设计标准》（JGJ 134—2001 已废止）

04 JGJ 144—2019《外墙外保温工程技术标准》（JGJ 144—2004 已废止）

05 JGJ/T 151—2008《建筑门窗玻璃幕墙热工计算规程》

06 JGJ 176—2009《公共建筑节能改造技术规范》

07 JGJ/T 261—2011《外墙内保温工程技术规程》

08 JGJ/T 267—2012《被动式太阳能建筑技术规范》

09 JGJ 289—2012《建筑外墙外保温防火隔离带技术规程》

10 JGJ 129—2012《既有居住建筑节能改造技术规程》

11 JGJ/T 253—2019《无机轻集料砂

浆保温系统技术标准》(JGJ 253—2011 已废止)

12 JGJ/T 287—2014《建筑反射隔热涂料节能检测标准》

13 JGJ/T 288—2012《建筑能效标识技术标准》

14 JGJ/T 346—2014《建筑节能气象参数标准》

15 JGJ/T 350—2015《保温防火复合板应用技术规程》

16 JGJ/T 359—2015《建筑反射隔热涂料应用技术规程》

17 JGJ 376—2015《建筑外墙外保温系统修缮标准》

18 JGJ/T 420—2017《聚苯模块保温墙体应用技术规程》

19 JGJ/T 447—2018《烧结保温砌块应用技术标准》

20 JGJ/T 451—2018《内置保温现浇混凝土复合剪力墙技术标准》

21 JGJ 475—2019《温和地区居住建筑节能设计标准》

22 JGJ/T 480—2019《岩棉薄抹灰外墙外保温工程技术标准》

地方标准

01 DB 11/ 381—2016 北京市《既有居住建筑节能改造技术规程》

02 DB 11/ 510—2017 北京市《公共建筑节能施工质量验收规程》

03 DB 11/T 555—2015 北京市《民用建筑节能现场检验标准》

04 DB 11/T 687—2015 北京市《公共建筑节能设计标准》(DB 11/T 687—2009 已废止)

05 DB 11/ 891—2020 北京市《居住建筑节能设计标准》(DB 11/ 891—2012 已废止)

06 DB 11/T 1028—2021 北京市《民用建筑节能门窗工程技术标准》

07 DB 11/T 1198—2015 北京市《公共建筑节能评价标准》

08 DB 11/T 1249—2015 北京市《居住建筑节能评价技术规范》

09 DB 11/T 1971—2022 北京市《超低能耗居住建筑节能工程施工技术规程》

10 DB 11/T 1998—2022 北京市《既有公共建筑节能绿色化改造技术规程》

11 DB 11/T 1340—2022 北京市《居住建筑节能工程施工质量验收规程》

12 DB 12/T 814—2018 天津市《民用建筑节能设计气象参数与算法》

13 DB 13(J)/T 177—2015 河北省《被动式低能耗居住建筑节能设计标准》

14 DB 13/T 2084—2014 河北省《建筑

节能门窗用木型材》

15 DB 15/T 1571—2019 内蒙古自治区《基于 ZigBee 的公共建筑节能减排监控管理系统》

16 DB 21/T 1476—2011 辽宁省《居住建筑节能设计标准》（已废止）

17 DB 21/T 1823—2010 辽宁省《既有居住建筑节能改造技术规程》

18 DB 21/T 1824—2010 辽宁省《既有公共建筑节能改造技术规程》

19 DB 21/T 1899—2011 辽宁省《公共建筑节能（65%）设计标准》

20 DB 21/T 2316—2014 辽宁省《建筑节能门窗工程技术规程》

21 DB 21/T 2885—2017 辽宁省《居住建筑节能设计标准》

22 DB 2101/T 0002—2018《沈阳市工业建筑节能设计标准》

23 DB 2101/T 0048—2022 沈阳市《超低能耗居住建筑节能设计标准》

24 DB 22/T 2038—2014 吉林省《农村居住建筑节能设计标准》

25 DB 22/JT 149—2016 吉林省《公共建筑节能设计标准》

26 DB 22/T 5012—2018 吉林省《民用建筑节能门窗工程技术标准》

27 DB 22/T 5034—2019 吉林省《居住建筑节能设计标准（节能75%）》

28 DB 23/ 1167—2013 黑龙江省《HS-ICF 外墙外保温建筑节能体系技术规程》

29 DB 23/ 1206—2017《黑龙江省建筑工程施工质量验收标准 建筑节能工程》

30 DB 23/T 1355—2009 黑龙江省《HS-EPS 模块轻钢结构建筑节能体系技术规程》

31 DB 23/T 1356—2009 黑龙江省《HS-EPS 模块钢筋混凝土框架结构建筑节能体系技术规程》

32 DB 23/T 1391—2010 黑龙江省《EPS 模块钢筋混凝土芯柱结构建筑节能体系技术规程》

33 DB 23/T 1537—2013《黑龙江省农村居住建筑节能设计标准》

34 DB 23/T 2706—2020《黑龙江省公共建筑节能设计标准》

35 DB 23/T 3335—2022《黑龙江省超低能耗公共建筑节能设计标准》

36 DB 23/T 3337—2022《黑龙江省超低能耗居住建筑节能设计标准》

37 DB 32/T 4107—2021 江苏省《民用建筑节能工程热工性能现场检测标准》

38 DB 33/T 1015—2021 浙江省《居住建筑节能设计标准》（DB 33/T 1015—2015 已废止）

39 DB 33/T 1036—2021 浙江省《公

共建筑节能设计标准》（DB 33/T 1036—2007 已废止）

40 DB 34/T 1466—2019 安徽省《居住建筑节能设计标准》

41 DB 34/ 1467—2011《公共建筑节能设计标准》（已废止）

42 DB 34/T 1588—2019 安徽省《建筑节能工程现场检测技术规程》

43 DB 34/T 4247—2022 安徽省《公共建筑节能改造节能量核定规程》

44 DB 37/T 724—2007 山东省《建筑节能检测技术规范 第 2 部分：围护结构现场实体检测部分》

45 DB 37/ 5026—2022 山东省《居住建筑节能设计标准》

46 DB 37/T 5074—2016 山东省《被动式超低能耗居住建筑节能设计标准》

47 DB 37/T 5155—2019 山东省《公共建筑节能设计标准》

48 DB 37/T 5197—2021 山东省《公共建筑节能监测系统技术标准》

49 DB 4106/T 32—2020 鹤壁市《公共机构既有建筑节能改造管理规范》

50 DB 42/T 1379—2018 湖北省《建筑节能用辐照交联聚烯烃发泡材料》

51 DB 42/T 559—2022 湖北省《低能耗居住建筑节能设计标准》

52 DB 42/T 642—2010 湖北省《建筑节能工程施工文件管理规范》

53 DB 42/T 1757—2021 湖北省《被动式超低能耗居住建筑节能设计规范》

54 DB 42/T 1770—2021 湖北省《建筑节能门窗工程技术标准》

55 DBJ 43/ 001—2017《湖南省居住建筑节能设计标准》

56 DBJ 43/ 003—2017《湖南省公共建筑节能设计标准》

57 DB 45/T 392—2007 广西壮族自治区《公共建筑节能设计规范》

58 DB 45/T 393—2007 广西壮族自治区《民用建筑节能检验规范》

59 DB 45/T 221—2017《广西壮族自治区居住建筑节能设计标准》

60 DB 50/T 5024—2002《重庆市〈夏热冬冷地区居住建筑节能设计标准〉实施细则》

61 DB 5105/T 21—2020《泸州市公共机构既有建筑节能改造规范》

62 DB 63/ 344—1999 青海省《民用建筑节能设计标准（采暖居住建筑部分）》

63 DB 63/ 744—2008 青海省《建筑节能工程施工质量验收规范青海省实施细则》

64 DB 63/ 877—2010《青海省低层居住建筑节能设计标准》

65 DB 64/T 521—2022 宁夏回族自治区《居住建筑节能设计标准》（DB 64/T 521—2013 已废止）

中国建筑节能协会标准

01 T/CABEE 001—2019《建筑外墙外保温工程质量保险规程》

02 T/CABEE 003—2019《近零能耗建筑测评标准》

03 T/CABEE 004—2019《夏热冬暖地区净零能耗公共建筑技术导则》

04 T/CABEE 001—2020《地源热泵系统运行技术规程》

05 T/CABEE 003—2020《公共建筑能源管理技术规程》

06 T/CABEE 006—2020《太阳能热水系统应用技术规程》

07 T/CABEE 004—2021《夏热冬冷地区低能耗住宅建筑技术标准》

08 T/CABEE 005—2021《夏热冬冷地区被动式居住建筑技术指南》

09 T/CABEE 008—2021《严寒、寒冷和夏热冬冷地区净零能耗建筑建造技术导则》

中国工程建设标准化协会标准

01 CECS 332：2012《农村单体居住建筑节能设计标准》

02 CECS 374：2014《建筑碳排放计量标准》

03 T/CECS 677—2020《近零能耗居住建筑质量控制标准》

04 T/CECS 740—2020《近零能耗建筑检测评价标准》

05 T/CECS 741—2020《严寒和寒冷地区农村居住建筑节能改造技术规程》

06 T/CECS 890—2021《交通建筑节能运行管理与检测技术规程》

07 T/CECS 922—2021《建筑节能设计室内热环境数据获取与处理方法标准》

08 T/CECS 968—2021《旅馆建筑节能技术规程》

09 T/CECS 1008—2022《商店建筑节能技术规程》

10 T/CECS 1078—2022《办公建筑节能技术规程》

11 T/CECS 10034—2019《绿色建材评价建筑节能玻璃》

地方团体标准

01 T/AJB 001—2019 安徽省建筑节能与科技协会《榫槽式石墨模塑聚苯乙烯保温隔声板浮筑楼面保温隔声工程技术规程》

02 T/CQGBAIA 002—2021 重庆市绿色建筑与建筑产业化协会《公共建

筑节能教育培训中心建设标准》

03 T/GBECA 001—2018 广东省建筑节能协会《建筑墙体隔热腻子系统应用技术标准》

04 T/GBECA 002—2020 广东省建筑节能协会《南方大型综合体建筑碳排放计算标准》

05 T/JJN 001—2020 吉林省建筑节能协会《免拆模板外保温系统应用技术标准》

06 T/JZJJ 001—2017 锦州市建筑节能与建设科技协会《蒸压加气混凝土砌块玻化微珠保温砂浆复合自保温系统技术规程》

07 T/LJH 001—2017 辽宁省建筑节能环保协会《泡沫混凝土自保温砌块砌体工程技术规程》

08 T/LJH 002—2018 辽宁省建筑节能环保协会《洗浴污水热回收系统工程技术规程》

09 T/LJH 004—2018 辽宁省建筑节能环保协会《洗浴污水热回收用热泵热水机组》

10 T/LJH 005—2018 辽宁省建筑节能环保协会《球硅聚氨酯复合防腐预制直埋保温管》

11 T/LJH 007—2018 辽宁省建筑节能环保协会《既有建筑节能改造及新建被动式低能耗建筑用门窗幕墙玻璃应用技术规程》

12 T/LJH 011—2019 辽宁省建筑节能环保协会《建筑用水性纳米隔热保温材料应用技术规程》

13 T/LJH 019—2019 辽宁省建筑节能环保协会《陶粒泡沫混凝土复合自保温砌块墙体工程技术规程》

14 T/LJH 020—2020 辽宁省建筑节能环保协会《智能型太阳能—生物质节能环保多功能炉》

15 T/LJH 023—2021 辽宁省建筑节能环保协会《智能型太阳能光热—电辅互补供热采暖机组》

16 T/WLJH 1001—2022 武汉市绿色建筑业协会《匀质热固防火板外墙外保温系统》

17 T/ZS 0194—2021 浙江省产品与工程标准化协会《公共建筑节能运行管理标准》

18 T/ZSPH 04—2021 中关村乐家智慧居住区产业技术联盟《智慧建筑节能低碳运行评价标准》

19 T/ZZXJX 104—2021 浙江省中小建筑企业协会《建筑节能检测规程》

二、绿色建筑

国家标准

01 GB/T 50378—2019《绿色建筑评价

标准》(GB/T 50378—2006、GB/T 50378—2014 已废止)

02 GB/T 50640—2010《建筑工程绿色施工评价标准》

03 GB/T 50878—2013《绿色工业建筑评价标准》

04 GB/T 50908—2013《绿色办公建筑评价标准》

05 GB/T 51100—2015《绿色商店建筑评价标准》

06 GB/T 51141—2015《既有建筑绿色改造评价标准》

07 GB/T 51148—2016《绿色博览建筑评价标准》

08 GB/T 51153—2015《绿色医院建筑评价标准》

09 GB/T 51165—2016《绿色饭店建筑评价标准》

建筑工业行业标准

JG/T 448—2014《既有采暖居住建筑节能改造能效测评方法》

建工行业建设标准

01 JGJ/T 229—2010《民用建筑绿色设计规范》

02 JGJ/T 391—2016《绿色建筑运行维护技术规范》

地方标准

01 DB 11/T 825—2021 北京市《绿色建筑评价标准》(DB 11/T 825—2011、DB 11/T 825—2015 已废止)

02 DB 11/T 938—2012 北京市《绿色建筑设计标准》

03 DB 11/T 1315—2020 北京市《绿色建筑工程验收规范》(DB 11/T 1315—2015 已废止)

04 DB 13(J)/T 216—2016 河北省《绿色建筑运行维护技术规程》

05 DB 13(J)/T 228—2017 河北省《村镇绿色建筑评价标准》

06 DB 1331/T 011—2022《雄安新区绿色建筑施工图审查要点》

07 DB 1331/T 012—2022《雄安新区绿色建筑工程验收指南》

08 DB 21/T 2017—2022 辽宁省《绿色建筑评价标准》(DB 21/T 2017—2012、DB 21/T 2017—2018 已作废)

09 DB 21/T 2763—2017 辽宁省《绿色建筑材料评价标准》

10 DB 21/T 3163—2019《辽宁省绿色建筑施工图设计评价规程》

11 DB 21/T 3164—2019《辽宁省绿色建筑施工图设计审查规程》

12 DB 21/T 3284—2020 辽宁省《绿色建筑施工质量验收技术规程》

13 DB 21/T 3354—2020《辽宁省绿色

建筑设计标准》

14 DB 21/T 3490—2021 辽宁省《中小学校绿色建筑设计规程》

15 DB 2102/T 0027—2021 大连市《绿色建筑施工图审查技术规程》

16 DB 2102/T 0028—2021 大连市《绿色建筑施工图设计技术规程》

17 DB 2102/T 0032—2021 大连市《绿色建筑评价规程》

18 DB 22/JT 134—2014 吉林省《建筑工程绿色施工规程》

19 DB 22/JT 167—2017 吉林省《一星级绿色民用建筑设计标准》

20 DB 22/T 5045—2020 吉林省《绿色建筑评价标准》

21 DB 22/T 5055—2021 吉林省《绿色建筑设计标准》

22 DB 22/T 5066—2021 吉林省《绿色建筑工程验收标准》

23 DB 22/T 5124—2022 吉林省《绿色建筑检测技术标准》

24 DB 23/T 1642—2020《黑龙江省绿色建筑评价标准》(DB 23/T 1642—2015 已作废)

25 DB 23/T 1794—2016《黑龙江省村镇绿色建筑评价标准》

26 DB 23/T 3041—2021 黑龙江省《绿色建筑工程施工质量验收标准》

27 DB/T 29—192—2016《中新天津生态城绿色建筑评价标准》(DB/T 29—192—2009 已作废)

28 DB/T 29—195—2016《中新天津生态城绿色建筑设计标准》(DB/T 29—195—2010 已作废)

29 DB 32/ 3962—2020 江苏省《绿色建筑设计标准》

30 DB 33/ 1092—2016 浙江省《绿色建筑设计标准》

31 DB 3305/T 190—2021 湖州市《绿色建筑项目贷款管理规范》

32 DB 34/T 3753—2020 安徽省《绿色建筑工程项目管理规范》

33 DB 34/T 3823—2021 安徽省《绿色建筑设备节能控制技术标准》

34 DB 37/T 5043—2021 山东省《绿色建筑设计标准》(DB 37/T 5043—2015 已作废)

35 DB 37/T 5097—2021 山东省《绿色建筑评价标准》(DB 37/T 5097—2017 已作废)

36 DB 42/T 1319—2021 湖北省《绿色建筑设计与工程验收标准》(DB 42/T 1319—2017 已作废)

37 DB 45/T 567—2009 广西壮族自治区《广西绿色建筑评价》

38 DB 64/T 1544—2023 宁夏回族自治区《绿色建筑设计标准》

39 DBJ 04/T 335—2017 山西省《绿色

建筑评价标准》

40 DBJ 13—197—2017《福建省绿色建筑设计标准》（DBJ/T 13—197—2014已作废）

41 DBJ/T 15—201—2020《广东省绿色建筑设计规范》

42 DBJ 15—65—2021《广东省建筑节能与绿色建筑工程施工质量验收规范》

43 DBJ/T 15—83—2017《广东省绿色建筑评价标准》

44 DBJ/T 36—037—2017《江西省绿色建筑设计标准》

中国建筑节能协会标准

01 T/CABEE 004—2020《绿色建筑节能环保技术适应性导则》

02 T/CABEE 003—2021《既有工业建筑围护结构绿色改造评价标准》

中国工程建设标准化协会标准

01 T/CECS-CBIMU 13—2017《绿色建筑设计评价P-BIM软件功能与信息交换标准》

02 T/CECS 377—2014《绿色住区标准》

03 T/CECS 494—2017《绿色建筑工程竣工验收标准》

04 T/CECS 608—2019《绿色建筑运营后评估标准》

05 T/CECS 725—2020《绿色建筑检测技术标准》

06 T/CECS 827—2021《绿色建筑性能数据应用规程》

07 T/CECS 870—2021《绿色建筑被动式设计导则》

08 T/CECS 1149—2022《国际多边绿色建筑评价标准》

09 T/CECS 1184—2022《绿色建筑数字化运维管理技术规程》

中国建筑装饰协会标准

T/CBDA 2—2016《绿色建筑室内装饰装修评价标准》

中国城市科学研究会标准

01 CSUS/GBC 2—2011《绿色医院建筑评价标准》

02 CSUS/GBC 03—2012《绿色商店建筑评价标准》

地方团体标准

01 T/BEEA 001—2018 北京建筑节能与环境工程协会《施工现场绿色照明应用技术规程》

02 T/CQGBAIA 001—2021 重庆市绿色建筑与建筑产业化协会《绿色建筑技术咨询与服务行业自律行为规范》

03 T/CQGBAIA 003—2021 重庆市绿色建筑与建筑产业化协会《石膏墙体内保温工程行业自律行为规范》

04 T/DLGBC 001—2019 大连市绿色建筑行业协会《绿色室内空气品质评价和施工规范》

05 T/GBECA 003—2020 广东省建筑节能协会《南方地区大型体育建筑综合体绿色设计导则》

06 T/GBOMA 001—2021 北京绿色建筑运营协会《绿色建筑健康环境管理服务机构等级划分与评定标准》

07 T/HNLSXH 001—2022 河南省城市绿色发展协会《河南省绿色建筑和绿色建材政府采购应用技术标准》

08 T/LGBA 002—2019 辽宁省绿色建筑协会《耐热聚乙烯（PE-RT Ⅱ）直埋保温供热管道工程技术规程》

09 T/SGBA 001—2020 深圳市绿色建筑协会《深圳市中小学绿色校园评价标准》

10 T/SHGBC 001—2019 上海市绿色建筑协会《健康建筑评价标准》

11 T/SHGBC 003—2019 上海市绿色建筑协会《光伏发电与预制外墙一体化技术规程》

12 T/ZJFS 006—2022 浙江省金融学会《绿色建筑项目贷款认定标准》

13 T/ZS 0158—2020 浙江省产品与工程标准化协会《绿色建筑工程项目管理规范》

14 T/ZZXJX 030—2021 浙江省中小建筑企业协会《绿色建筑工程项目管理规程》

附录2：第2章表格内政策文件出处一览

表2-4 部分历年发布建筑节能相关规范性文件（节能减排工作安排、规划）

[1] 中国政府网. 国务院办公厅关于开展资源节约活动的通知[EB/OL].（2008-03-28）[2022-11-24].http：//www.gov.cn/zhengce/content/2008-03/28/content_5028.htm.

[2] 中国政府网. 国务院批转节能减排统计监测及考核实施方案和办法的通知[EB/OL].（2007-11-23）[2022-11-24].http：//www.gov.cn/zwgk/2007-11/23/content_813617.htm.

[3] 中国政府网. 国务院办公厅关于印发2008年节能减排工作安排的通知[EB/OL].（2008-07-15）[2022-11-24].http：//www.gov.cn/zhengce/content/2016-09/22/content_5110758.htm.

[4] 中国政府网. 国务院关于加强节能工作的决定[EB/OL].（2008-03-28）[2022-11-24].http：//www.gov.cn/zhengce/content/2008-03/28/content_2848.htm.

[5] 中国政府网. 国务院关于印发节能减排综合性工作方案的通知[EB/OL].（2008-03-28）[2022-11-24].http：//www.gov.cn/zwgk/2011-09/07/content_1941731.htm.

[6] 中国政府网. 国务院办公厅关于建立政府强制采购节能产品制度的通知[EB/OL].（2008-03-28）[2022-11-24].http：//www.gov.cn/zhengce/content/2008-03/28/content_4984.htm.

[7] 中国政府网. 国务院关于进一步加大工作力度确保实现"十一五"节能减排目标的通知[EB/OL].（2010-05-06）[2022-11-24].http：//www.gov.cn/zhengce/content/2010-05/05/content_4872.htm.

[8] 中国政府网. 国务院关于印发"十二五"节能减排综合性工作方案的通知[EB/OL].（2011-09-07）[2022-11-24].http：//www.gov.cn/zwgk/2011-09/07/

[9] 中国政府网. 国务院办公厅关于印发 2014—2015 年节能减排低碳发展行动方案的通知 [EB/OL]. （2014-05-26）[2022-11-24].http：//www.gov.cn/zhengce/content/2014-05/26/content_8824.htm.

[10] 中国政府网. 中共中央 国务院关于加快推进生态文明建设的意见 [EB/OL].（2015-04-25）[2022-11-24].http：//www.gov.cn/gongbao/content/2015/content_2864050.htm.

[11] 中国政府网. 国务院关于印发"十三五"节能减排综合工作方案的通知 [EB/OL].（2017-01-05）[2022-11-24].http：//www.gov.cn/zhengce/content/2017-01/05/content_5156789.htm.

[12] 中国政府网. 中共中央办公厅 国务院办公厅印发《关于推动城乡建设绿色发展的意见》[EB/OL].（2021-10-21）[2022-11-24].http：//www.gov.cn/gongbao/content/2021/content_5649730.htm.

[13] 中国政府网. 国务院关于印发"十四五"节能减排综合工作方案的通知 [EB/OL].（2022-01-24）[2022-11-24].http：//www.gov.cn/zhengce/content/2022-01/24/content_5670202.htm.

[14] 国家发展和改革委员会. 国家发展改革委 国家能源局关于完善能源绿色低碳转型体制机制和政策措施的意见 [EB/OL].（2022-02-10）[2022-11-24].https：//www.ndrc.gov.cn/xxgk/zcfb/tz/202202/t20220210_1314511.html.

表 2-5　部分历年发布建筑节能相关规范性文件（建筑节能工作要点、计划、规划）

[1] 住房和城乡建设部. 关于做好 2008 年建设领域节能减排工作的实施意见 [EB/OL].（2008-09-10）[2022-11-24].https：//www.mohurd.gov.cn/gongkai/fdzdgknr/tzgg/200809/20080910_176837.html.

[2] 住房和城乡建设部. 关于印发住房和城乡建设部建筑节能与科技司 2009 年工作要点的通知 [EB/OL].（2009-03-05）[2022-11-24].https：//www.mohurd.gov.cn/gongkai/fdzdgknr/tzgg/200903/20090305_186812.html.

[3] 住房和城乡建设部. 关于印发住房和城乡建设部建筑节能与科技司 2010 年重点工作的通知 [EB/OL].（2010-02-23）[2022-11-24].https：//www.mohurd.

gov.cn/gongkai/fdzdgknr/tzgg/201002/20100223_199811.html.

[4] 住房和城乡建设部.关于印发住房和城乡建设部建筑节能与科技司2011年重点工作的通知[EB/OL].（2011-01-17）[2022-11-24].https：//www.mohurd.gov.cn/gongkai/fdzdgknr/tzgg/201101/20110117_202082.html.

[5] 住房和城乡建设部.关于印发住房城乡建设部建筑节能与科技司2012年工作要点的通知[EB/OL].（2012-03-06）[2022-11-24].https://www.mohurd.gov.cn/gongkai/fdzdgknr/tzgg/201203/20120306_209018.html.

[6] 住房和城乡建设部.关于印发《住房城乡建设部建筑节能与科技司2013年工作要点》的通知[EB/OL].（2013-02-25）[2022-11-24].https：//www.mohurd.gov.cn/gongkai/fdzdgknr/tzgg/201302/20130225_212943.html.

[7] 住房和城乡建设部.关于印发《住房城乡建设部建筑节能与科技司2014年工作要点》的通知[EB/OL].（2014-02-28）[2022-11-24].https：//www.mohurd.gov.cn/gongkai/fdzdgknr/tzgg/201403/20140304_217237.html.

[8] 住房和城乡建设部.住房城乡建设部建筑节能与科技司关于印发2015年工作要点的通知[EB/OL].（2015-03-10）[2022-11-24].https://www.mohurd.gov.cn/gongkai/fdzdgknr/tzgg/201503/20150310_220445.html.

[9] 住房和城乡建设部.住房城乡建设部建筑节能与科技司关于印发2017年工作要点的通知[EB/OL].（2017-03-23）[2022-11-24].https://www.mohurd.gov.cn/gongkai/fdzdgknr/tzgg/201703/20170323_231232.html.

[10] 住房和城乡建设部.住房城乡建设部建筑节能与科技司关于印发2018年工作要点的通知[EB/OL].（2018-04-04）[2022-11-24].https：//www.mohurd.gov.cn/gongkai/fdzdgknr/tzgg/201804/20180404_235620.html.

[11] 建设部建筑节能"九五"计划和2010年规划[J].施工技术,1996（08）:1-2.

[12] 住房和城乡建设部.关于印发《建设部建筑节能"十五"计划纲要》的通知[EB/OL].（2005-06-03）[2022-11-24].https：//www.mohurd.gov.cn/gongkai/fdzdgknr/tzgg/200506/20050603_158478.html.

[13] 住房和城乡建设部.关于进一步加大工作力度确保完成"十一五"建筑节能任务的通知[EB/OL].（2010-05-18）[2022-11-24].https://www.mohurd.gov.cn/gongkai/fdzdgknr/tzgg/201005/20100518_200850.html.

[14] 住房和城乡建设部.关于印发住房城乡建设部关于落实《国务院关于印发"十二五"节能减排综合性工作方案的通知》的实施方案的通知[EB/OL].（2011-12-09）[2022-11-24].https：//www.mohurd.gov.cn/gongkai/tzgg/201112/20111209_207792.html.

[15] 住房和城乡建设部.关于印发"十二五"建筑节能专项规划的通知[EB/OL].（2012-05-31）[2022-11-24].https：//www.mohurd.gov.cn/gongkai/fdzdgknr/tzgg/201205/20120531_210093.html.

[16] 住房和城乡建设部.住房城乡建设部关于印发"十二五"绿色建筑和绿色生态城区发展规划的通知[EB/OL].（2013-04-12）[2022-11-24].https：//www.mohurd.gov.cn/gongkai/fdzdgknr/tzgg/201304/20130412_213405.html.

[17] 住房和城乡建设部.住房城乡建设部关于印发建筑节能与绿色建筑发展"十三五"规划的通知[EB/OL].（2017-03-14）[2022-11-24].https：//www.mohurd.gov.cn/gongkai/zhengce/zhengcefilelib/201703/20170314_230978.html.

[18] 住房和城乡建设部.住房和城乡建设部关于印发"十四五"建筑节能与绿色建筑发展规划的通知[EB/OL].（2022-03-11）[2022-11-24].https：//www.mohurd.gov.cn/gongkai/fdzdgknr/zfhcxjsbwj/202203/20220311_765109.html.

表2-6　部分历年发布建筑节能相关规范性文件（节能建材）

[1] 中国政府网.国务院批转国家建材局等部门关于加快墙体材料革新和推广节能建筑意见的通知[EB/OL].（1992-11-09）[2022-11-24].http：//www.gov.cn/zhengce/content/2016-10/20/content_5122080.htm.

[2] 中国政府网.国务院办公厅关于进一步推进墙体材料革新和推广节能建筑的通知[EB/OL].（2008-03-28）[2022-11-24].http：//www.gov.cn/zhengce/content/2008-03/28/content_2881.htm.

[3] 国家发展和改革委员会.国家发展改革委关于印发"十二五"墙体材料革新指导意见的通知[EB/OL].（2011-11-28）[2022-11-24].https：//www.ndrc.gov.cn/fggz/hjyzy/zyzhlyhxhjj/201111/t20111128_1314721.html.

[4] 住房和城乡建设部.工业和信息化部 住房城乡建设部关于印发《促进绿色

建材生产和应用行动方案》的通知 [EB/OL].（2015-09-06）[2022-11-24]. https：//www.mohurd.gov.cn/gongkai/fdzdgknr/tzgg/201509/20150906_224666.html.

[5] 住房和城乡建设部.住房城乡建设部办公厅 工业和信息化部办公厅关于成立绿色建材推广和应用协调组的通知 [EB/OL].（2013-10-22）[2022-11-24]. https：//www.mohurd.gov.cn/gongkai/fdzdgknr/tzgg/201310/20131022_215968.html.

[6] 住房和城乡建设部.住房城乡建设部 工业和信息化部关于印发《绿色建材评价标识管理办法》的通知 [EB/OL].（2014-05-28）[2022-11-24].https：//www.mohurd.gov.cn/gongkai/fdzdgknr/tzgg/201510/20151022_225340.html.

[7] 住房和城乡建设部.住房城乡建设部 工业和信息化部关于印发《绿色建材评价标识管理办法实施细则》和《绿色建材评价技术导则（试行）》的通知 [EB/OL].（2015-10-22）[2022-11-24].https：//www.mohurd.gov.cn/gongkai/fdzdgknr/tzgg/201510/20151022_225340.html.

[8] 财政部.关于政府采购支持绿色建材促进建筑品质提升试点工作的通知 [EB/OL].（2020-10-22）[2022-11-24].http：//gks.mof.gov.cn/guizhangzhidu/202010/t20201020_3607440.htm.

[9] 财政部.关于扩大政府采购支持绿色建材促进建筑品质提升政策实施范围的通知 [EB/OL].（2022-10-24）[2022-11-24].http：//gks.mof.gov.cn/guizhangzhidu/202210/t20221024_3847589.htm.

表 2-7　部分历年发布建筑节能相关规范性文件（建筑节能试点示范）

[1] 住房和城乡建设部.关于印发《建设部建筑节能试点示范工程（小区）管理办法》的通知 [EB/OL].（2004-02-19）[2022-11-24].https：//www.mohurd.gov.cn/gongkai/fdzdgknr/tzgg/200402/20040219_158442.html.

[2] 住房和城乡建设部.关于扩大农村危房改造试点建筑节能示范的实施意见 [EB/OL].（2009-07-24）[2022-11-24].https：//www.mohurd.gov.cn/gongkai/fdzdgknr/tzgg/200907/20090724_192826.html.

[3] 住房和城乡建设部.关于印发《扩大农村危房改造试点建筑节能示范监督

检查工作要求》的通知 [EB/OL].（2011-08-16）[2022-11-24].https：//www.mohurd.gov.cn/gongkai/fdzdgknr/tzgg/201108/20110816_205800.html.

[4] 住房和城乡建设部.关于印发《住房和城乡建设部低碳生态试点城（镇）申报管理暂行办法》的通知 [EB/OL].（2011-07-11）[2022-11-24].https：//www.mohurd.gov.cn/gongkai/fdzdgknr/tzgg/201107/20110711_203738.html.

[5] 住房和城乡建设部.关于印发《农村危房改造试点建筑节能示范工作省级年度考核评价指标（试行）》的通知 [EB/OL].（2011-08-09）[2022-11-24].https://www.mohurd.gov.cn/gongkai/fdzdgknr/tzgg/201108/20110809_205730.html.

表 2-8　部分历年发布建筑节能相关规范性文件（公共建筑节能）

[1] 住房和城乡建设部.关于发展节能省地型住宅和公共建筑的指导意见 [EB/OL].（2005-06-06）[2022-11-24].https：//www.mohurd.gov.cn/gongkai/fdzdgknr/tzgg/200506/20050606_158479.html.

[2] 住房和城乡建设部.关于加强大型公共建筑工程建设管理的若干意见 [EB/OL].（2007-01-11）[2022-11-24].https：//www.mohurd.gov.cn/gongkai/fdzdgknr/tzgg/200701/20070111_158218.html.

[3] 住房和城乡建设部.关于加强国家机关办公建筑和大型公共建筑节能管理工作的实施意见 [EB/OL].（2007-10-26）[2022-11-24].https://www.mohurd.gov.cn/gongkai/fdzdgknr/tzgg/200710/20071026_158566.html.

[4] 住房和城乡建设部.关于印发《国家机关办公建筑和大型公共建筑能源审计导则》的通知 [EB/OL].（2007-11-02）[2022-11-24].https：//www.mohurd.gov.cn/gongkai/fdzdgknr/tzgg/200711/20071102_158568.html.

[5] 中国政府网.国务院办公厅关于严格执行公共建筑空调温度控制标准的通知 [EB/OL].（2008-03-28）[2022-11-24].http：//www.gov.cn/zhengce/content/2008-03/28/content_4347.htm.

[6] 财政部.国家机关办公建筑和大型公共建筑节能专项资金管理暂行办法 [EB/OL].（2008-03-28）[2022-11-24].http：//www.mof.gov.cn/zhengwuxinxi/zhengcefabu/2007zcfb/200805/t20080519_29037.htm.

[7] 财政部.财政部 住房和城乡建设部关于进一步推进公共建筑节能工作的通知[EB/OL].（2010-11-01）[2022-11-24].http://www.mof.gov.cn/gkml/caizhengwengao/2011caizhengwengao/wg2011t6/201111/t20111101_603815.htm.

[8] 住房和城乡建设部.关于切实加强政府办公和大型公共建筑节能管理工作的通知[EB/OL].（2010-07-13）[2022-11-24].https://www.mohurd.gov.cn/gongkai/fdzdgknr/tzgg/201007/20100713_201478.html.

[9] 住房和城乡建设部.住房城乡建设部办公厅关于印发《公共建筑能源审计导则》的通知[EB/OL].（2016-12-20）[2022-11-24].https://www.mohurd.gov.cn/gongkai/fdzdgknr/tzgg/201612/20161220_230018.html.

表 2-9 部分历年发布建筑节能相关规范性文件（绿色建筑）

[1] 住房和城乡建设部.关于印发《绿色建筑技术导则》的通知[EB/OL].（2005-12-06）[2022-11-24].https://www.mohurd.gov.cn/gongkai/fdzdgknr/tzgg/200512/20051206_158491.html.

[2] 住房和城乡建设部.关于印发《绿色建筑评价标识实施细则(试行修订)》等文件的通知[EB/OL].（2008-10-14）[2022-11-24].https://www.mohurd.gov.cn/gongkai/fdzdgknr/tzgg/200810/20081014_177579.html.

[3] 住房和城乡建设部.住房城乡建设部关于印发被动式超低能耗绿色建筑技术导则（试行）（居住建筑）的通知[EB/OL].（2015-11-13）[2022-11-24].https://www.mohurd.gov.cn/gongkai/fdzdgknr/tzgg/201511/20151113_225589.html.

[4] 住房和城乡建设部.住房和城乡建设部关于印发绿色建筑标识管理办法的通知[EB/OL].（2021-01-15）[2022-11-24].https://www.mohurd.gov.cn/gongkai/fdzdgknr/tzgg/202101/20210115_248842.html.

[5] 住房和城乡建设部.住房城乡建设部办公厅关于加强绿色建筑评价标识管理和备案工作的通知[EB/OL].（2013-01-16）[2022-11-24].https://www.mohurd.gov.cn/gongkai/fdzdgknr/tzgg/201301/20130116_212567.html.

[6] 中国政府网.国务院办公厅关于转发发展改革委住房城乡建设部绿色建筑行动方案的通知[EB/OL].（2013-01-20）[2022-11-24].http://www.gov.cn/

gongbao/content/2013/content_2313187.htm.

[7] 住房和城乡建设部.住房城乡建设部办公厅关于绿色建筑评价标识管理有关工作的通知[EB/OL].（2015-10-22）[2022-11-24].https：//www.mohurd.gov.cn/gongkai/fdzdgknr/tzgj/201405/20140528_218019.html.

[8] 住房和城乡建设部.住房城乡建设部关于印发绿色建筑减隔震建筑施工图设计文件技术审查要点的通知[EB/OL].（2016-07-07）[2022-11-24].https：//www.mohurd.gov.cn/gongkai/fdzdgknr/zfhcxjsbwj/202109/20210915_762114.html.

[9] 住房和城乡建设部.住房城乡建设部关于保障性住房实施绿色建筑行动的通知[EB/OL].（2014-01-07）[2022-11-24].https：//www.mohurd.gov.cn/gongkai/fdzdgknr/tzgg/201401/20140107_216778.html.

[10] 住房和城乡建设部.住房和城乡建设部 国家发展改革委 教育部 工业和信息化部 人民银行 国管局 银保监会关于印发绿色建筑创建行动方案的通知[EB/OL].（2020-07-24）[2022-11-24].https：//www.mohurd.gov.cn/gongkai/fdzdgknr/tzgg/201607/20160707_228003.html.

表2-10 部分历年发布建筑节能相关规范性文件（节能改造）

[1] 住房和城乡建设部.关于印发《北方采暖地区既有居住建筑供热计量改造工程验收办法》的通知[EB/OL].（2008-04-01）[2022-11-24].http：//www.gov.cn/zwgk/2008-11/13/content_1147695.htm.

[2] 财政部.财政部关于印发《北方采暖区既有居住建筑供热计量及节能改造奖励资金管理暂行办法》的通知[EB/OL].（2008-04-01）[2022-11-24].http：//www.mof.gov.cn/zhengwuxinxi/zhengcefabu/2007zcfb/200805/t20080519_29082.htm.

[3] 住房和城乡建设部.关于印发《村镇宜居型住宅技术推广目录》和《既有建筑节能改造技术推广目录》的通知[EB/OL].（2010-06-08）[2022-11-24].https：//www.mohurd.gov.cn/gongkai/fdzdgknr/tzgg/201006/20100608_201278.html.

[4] 中国政府网.国务院办公厅转发发展改革委等部门关于加快推行合同能源

管理促进节能服务产业发展意见的通知[EB/OL].(2010-04-06)[2022-11-24]. http://www.gov.cn/zwgk/2010-04/06/content_1573706.htm.

[5] 财政部.关于印发《合同能源管理项目财政奖励资金管理暂行办法》的通知[EB/OL].(2010-06-03)[2022-11-24].http://sx.mof.gov.cn/bszn/zhengcefagui/201006/t20100611_322292.htm.

[6] 住房和城乡建设部.关于对《关于印发〈村镇宜居型住宅技术推广目录〉和〈既有建筑节能改造技术推广目录〉的通知》的补充通知[EB/OL].(2010-07-27)[2022-11-24].https://www.mohurd.gov.cn/gongkai/fdzdgknr/tzgg/201007/20100727_201718.html.

[7] 住房和城乡建设部.关于印发既有居住建筑节能改造指南的通知[EB/OL].(2012-01-29)[2022-11-24].https://www.mohurd.gov.cn/gongkai/fdzdgknr/tzgg/201203/20120319_209135.html.

[8] 住房和城乡建设部.关于推进夏热冬冷地区既有居住建筑节能改造的实施意见[EB/OL].(2012-04-17)[2022-11-24].https://www.mohurd.gov.cn/gongkai/fdzdgknr/tzgg/201204/20120417_209535.html.

表 2-11 部分历年发布建筑节能相关规范性文件（消防安全）

[1] 公安部.《民用建筑外保温系统及外墙装饰防火暂行规定》(公通字[2009]46号)[EB/OL].(2011-03-16)[2022-11-24].https://www.mps.gov.cn/n2253534/n2253535/c4138115/part/4138116.doc.

[2] 住房和城乡建设部.关于进一步加强建筑施工消防安全工作的通知[EB/OL].(2010-11-19)[2022-11-24].https://www.mohurd.gov.cn/gongkai/fdzdgknr/tzgg/201011/20101119_201947.html.

[3] 中国政府网.国务院关于加强和改进消防工作的意见[EB/OL].(2012-02-06)[2022-11-24].http://www.gov.cn/zwgk/2012-02/06/content_2059242.htm.

[4] 公安部.《公安部关于修改〈建设工程消防监督管理规定〉的决定》(公安部令第119号)[EB/OL].(2012-09-12)[2022-11-24].http://www.mps.gov.cn/n6557558/c7684135/content.html

[5] 住房和城乡建设部.住房城乡建设部关于发布国家标准《建筑设计防火规

范》的公告 [EB/OL].（2014-08-28）[2022-11-24].https://www.mohurd.gov.cn/gongkai/fdzdgknr/tzgg/201408/20140828_224333.html.

[6] 住房和城乡建设部.住房城乡建设部关于发布国家标准《建筑设计防火规范》局部修订的公告 [EB/OL].（2018-05-09）[2022-11-24].https://www.mohurd.gov.cn/gongkai/fdzdgknr/tzgg/201805/20180509_235971.html.

表 2-12 部分历年发布建筑节能相关规范性文件（可再生能源规划）

[1] 中国政府网.关于印发《新能源和可再生能源产业发展"十五"规划》的通知 [EB/OL].（2002-07-30）[2022-11-24].http://www.gov.cn/gongbao/content/2002/content_61602.htm.

[2] 国家发展和改革委员会.国家发展改革委关于印发可再生能源中长期发展规划的通知 [EB/OL].（2007-09-04）[2022-11-24].https://www.ndrc.gov.cn/xxgk/zcfb/ghwb/200709/t20070904_962079.html.

[3] 国家发展和改革委员会.国家发展改革委关于印发可再生能源发展"十一五"规划的通知 [EB/OL].（2008-03-18）[2022-11-24].https://www.ndrc.gov.cn/xxgk/zcfb/ghwb/200803/t20080318_962084.html.

[4] 国家发展和改革委员会.国家发展改革委关于印发《可再生能源发展"十三五"规划》的通知 [EB/OL].（2017-06-14）[2022-11-24].https://www.ndrc.gov.cn/xxgk/zcfb/ghwb/201612/t20161216_962211.html.

[5] 国家发展和改革委员会.关于印发"十四五"可再生能源发展规划的通知 [EB/OL].（2022-06-01）[2022-11-24].https://www.ndrc.gov.cn/xxgk/zcfb/ghwb/202206/t20220601_1326719.html.

表 2-13 部分历年发布建筑节能相关规范性文件（可再生能源）

[1] 住房和城乡建设部.建设部、财政部关于推进可再生能源在建筑中应用的实施意见 [EB/OL].（2006-09-07）[2022-11-24].https://www.mohurd.gov.cn/gongkai/fdzdgknr/tzgg/200609/20060907_158510.html.

[2] 财政部.财政部建设部关于印发《可再生能源建筑应用示范项目评审办法》的通知 [EB/OL].（2006-09-04）[2022-11-24].http://www.mof.gov.cn/gkml/

caizhengwengao/caizhengbuwengao2006/caizhengbuwengao200610/200805/t20080519_24670.htm.

[3] 财政部.财政部建设部关于印发《可再生能源建筑应用专项资金管理暂行办法》的通知[EB/OL].（2008-05-19）[2022-11-24].http：//www.mof.gov.cn/gkml/caizhengwengao/caizhengbuwengao2006/caizhengbuwengao200610/200805/t20080519_24660.htm.

[4] 财政部.财政部建设部关于加强可再生能源建筑应用示范管理的通知[EB/OL].（2008-05-19）[2022-11-24].http：//www.mof.gov.cn/gkml/caizhengwengao/caizhengbuwengao2007/caizhengbuwengao20075/200805/t20080519_26392.htm.

[5] 住房和城乡建设部.关于印发《建设部"十一五"可再生能源建筑应用技术目录》的通知[EB/OL].（2007-09-05）[2022-11-24].https：//www.mohurd.gov.cn/gongkai/fdzdgknr/tzgg/200709/20070905_158565.html.

[6] 财政部.财政部 住房城乡建设部关于印发《加快推进农村地区可再生能源建筑应用的实施方案》的通知[EB/OL].（2009-11-18）[2022-11-24].http：//www.mof.gov.cn/gkml/caizhengwengao/2009niancaizhengbuwengao/caizhengwengao200907/200911/t20091118_233413.htm.

[7] 财政部.财政部 住房城乡建设部关于印发《可再生能源建筑应用城市示范实施方案》的通知[EB/OL].（2009-11-18）[2022-11-24].http：//www.mof.gov.cn/gkml/caizhengwengao/2009niancaizhengbuwengao/caizhengwengao200907/200911/t20091118_233412.htm.

[8] 住房和城乡建设部.关于印发《可再生能源建筑应用示范项目数据监测系统技术导则》（试行）的通知[EB/OL].（2009-11-13）[2022-11-24].https：//www.mohurd.gov.cn/gongkai/fdzdgknr/tzgg/200911/20091113_196862.html.

[9] 财政部.财政部住房城乡建设部关于加强可再生能源建筑应用城市示范和农村地区县级示范管理的通知[EB/OL].（2010-12-23）[2022-11-24].http：//gz.mof.gov.cn/zt/banshizhinan/zhengcefagui/201012/t20101223_384551.htm.

[10] 财政部.财政部 住房城乡建设部关于加强可再生能源建筑应用示范后续工作及预算执行管理的通知[EB/OL].（2010-09-27）[2022-11-24].http://www.

mof.gov.cn/gkml/caizhengwengao/2010nianwengao/wg2010diqiqi/201009/t20100927_340801.htm.

[11] 财政部.关于进一步推进可再生能源建筑应用的通知[EB/OL].（2011-03-11）[2022-11-24].http：//sx.mof.gov.cn/bszn/zhengcefagui/201103/t20110323_512731.htm.

[12] 财政部.财政部 住房城乡建设部关于完善可再生能源建筑应用政策及调整资金分配管理方式的通知[EB/OL].（2013-02-04）[2022-11-24].http://www.mof.gov.cn/gkml/caizhengwengao/2012wg/wg201211/201302/t20130204_732015.htm.

[13] 财政部.关于印发《可再生能源发展专项资金管理暂行办法》的通知[EB/OL].（2015-04-02）[2022-11-24].http：//jjs.mof.gov.cn/zhengcefagui/201504/t20150427_1223373.htm.

[14] 财政部.关于《可再生能源发展专项资金管理暂行办法》的补充通知[EB/OL].（2019-06-11）[2022-11-24].http：//jjs.mof.gov.cn/zhengcefagui/201906/t20190617_3279412.htm.

表2-14 部分历年发布建筑节能相关规范性文件（可再生能源：太阳能）

[1] 财政部.关于印发《太阳能光电建筑应用财政补助资金管理暂行办法》的通知[EB/OL].（2009-04-02）[2022-11-24].http://sx.mof.gov.cn/bszn/zhengcefagui/200904/t20090402_129459.htm.

[2] 财政部.关于加快推进太阳能光电建筑应用的实施意见[EB/OL].（2009-04-02）[2022-11-24].http：//sx.mof.gov.cn/bszn/zhengcefagui/200904/t20090402_129457.htm.

[3] 财政部.关于加强金太阳示范工程和太阳能光电建筑应用示范工程建设管理的通知[EB/OL].（2010-10-11）[2022-11-24].http：//sx.mof.gov.cn/bszn/zhengcefagui/201010/t20101011_342105.htm.

[4] 住房和城乡建设部.关于组织实施太阳能光电建筑应用一体化示范的通知[EB/OL].（2011-01-30）[2022-11-24].https：//www.mohurd.gov.cn/gongkai/fdzdgknr/tzgg/201101/20110130_202265.html.

[5] 住房和城乡建设部.关于组织实施2012年度太阳能光电建筑应用示范的通知[EB/OL].（2011-12-29）[2022-11-24].https：//www.mohurd.gov.cn/gongkai/fdzdgknr/tzgg/201112/20111229_208178.html.

表 2-15 部分历年发布建筑节能相关规范性文件（监督检查）

[1] 住房和城乡建设部.关于开展建设领域节能减排监督检查工作的通知[EB/OL].（2007-11-21）[2022-11-24].https：//www.mohurd.gov.cn/gongkai/fdzdgknr/tzgg/200711/20071121_158571.html.

[2] 住房和城乡建设部.关于印发《2007年全国建设领域节能减排专项监督检查建筑节能工作检查报告》的通知[EB/OL].（2008-05-06）[2022-11-24].https：//www.mohurd.gov.cn/gongkai/fdzdgknr/tzgg/200805/20080506_167486.html.

[3] 住房和城乡建设部.关于开展建设领域节能减排监督检查工作的通知[EB/OL].（2008-12-10）[2022-11-24].https：//www.mohurd.gov.cn/gongkai/fdzdgknr/tzgg/200812/20081210_183009.html.

[4] 住房和城乡建设部.关于2009年全国建设领域节能减排专项监督检查建筑节能检查的通报[EB/OL].（2010-04-07）[2022-11-24].https：//www.mohurd.gov.cn/gongkai/fdzdgknr/tzgg/201004/20100407_200259.html.

[5] 住房和城乡建设部.关于开展2009年住房城乡建设领域节能减排专项监督检查的通知[EB/OL].（2009-11-27）[2022-11-24].https：//www.mohurd.gov.cn/gongkai/fdzdgknr/tzgg/200911/20091127_197357.html.

[6] 住房和城乡建设部.关于开展2010年住房城乡建设领域节能减排专项监督检查的通知[EB/OL].（2010-12-06）[2022-11-24].https：//www.mohurd.gov.cn/gongkai/fdzdgknr/tzgg/201012/20101206_202172.html.

[7] 住房和城乡建设部.关于2010年全国住房城乡建设领域节能减排专项监督检查建筑节能检查情况通报[EB/OL].（2011-04-21）[2022-11-24].https：//www.mohurd.gov.cn/gongkai/fdzdgknr/tzgg/201104/20110421_203196.html.

[8] 住房和城乡建设部.关于组织开展2011年度住房城乡建设领域节能减排专项监督检查的通知[EB/OL].（2011-12-02）[2022-11-24].https：//www.

mohurd.gov.cn/gongkai/fdzdgknr/tzgg/201112/20111202_207674.html.

[9] 住房和城乡建设部. 关于印发《2011年全国住房城乡建设领域节能减排专项监督检查建筑节能检查情况通报》的通知[EB/OL].（2012-04-17）[2022-11-24].https：//www.mohurd.gov.cn/gongkai/fdzdgknr/tzgg/201204/20120417_209536.html.

[10] 住房和城乡建设部.住房城乡建设部办公厅关于组织开展2012年度住房城乡建设领域节能减排监督检查的通知[EB/OL].（2012-11-29）[2022-11-24].https：//www.mohurd.gov.cn/gongkai/fdzdgknr/tzgg/201211/20121129_212124.html.

[11] 住房和城乡建设部.住房城乡建设部办公厅关于2012年全国住房城乡建设领域节能减排专项监督检查建筑节能检查情况的通报[EB/OL].（2013-04-08）[2022-11-24].https：//www.mohurd.gov.cn/gongkai/fdzdgknr/tzgg/201304/20130408_213357.html.

[12] 住房和城乡建设部.住房城乡建设部办公厅关于开展2013年度住房城乡建设领域节能减排监督检查的通知[EB/OL].（2013-12-05）[2022-11-24].https：//www.mohurd.gov.cn/gongkai/fdzdgknr/tzgg/201312/20131205_216442.html.

[13] 住房和城乡建设部.住房城乡建设部办公厅关于开展2014年度建筑节能与绿色建筑行动实施情况专项检查的通知[EB/OL].（2014-10-23）[2022-11-24].https：//www.mohurd.gov.cn/gongkai/fdzdgknr/tzgg/201410/20141023_219393.html.

[14] 住房和城乡建设部.住房城乡建设部办公厅关于开展2015年度建筑节能与绿色建筑行动实施情况专项检查的通知[EB/OL].（2015-11-05）[2022-11-24].https：//www.mohurd.gov.cn/gongkai/fdzdgknr/tzgg/201511/20151110_225532.html.

[15] 住房和城乡建设部.住房城乡建设部办公厅关于开展2016年度建筑节能、绿色建筑与装配式建筑实施情况专项检查的通知[EB/OL].（2016-12-20）[2022-11-24].https：//www.mohurd.gov.cn/gongkai/fdzdgknr/tzgg/201612/20161220_230017.html.

[16] 住房和城乡建设部.住房城乡建设部办公厅关于开展2017年度建筑节能、绿色建筑与装配式建筑实施情况专项检查的通知[EB/OL].（2018-01-24）[2022-11-24].https：//www.mohurd.gov.cn/gongkai/fdzdgknr/tzgg/201801/20180124_234918.html.

表2-16 部分历年发布建筑节能相关规范性文件（人才支持）

[1] 住房和城乡建设部.关于举办绿色建筑评价标识专家培训会的通知[EB/OL].（2011-07-07）[2022-11-24].https：//www.mohurd.gov.cn/gongkai/fdzdgknr/tzgg/201107/20110707_203718.html.

[2] 住房和城乡建设部.关于举办绿色建筑评价标识专家培训会的通知[EB/OL].（2011-10-13）[2022-11-24].https：//www.mohurd.gov.cn/gongkai/fdzdgknr/tzgg/201110/20111013_206585.html.

[3] 住房和城乡建设部.关于举办绿色建筑评价标识专家培训会的通知[EB/OL].（2012-07-04）[2022-11-24].https：//www.mohurd.gov.cn/gongkai/fdzdgknr/tzgg/201207/20120704_210498.html.

[4] 住房和城乡建设部.关于举办绿色建筑评价标识专家培训会的通知[EB/OL].（2012-10-15）[2022-11-24].https：//www.mohurd.gov.cn/gongkai/fdzdgknr/tzgg/201210/20121015_211590.html.

[5] 住房和城乡建设部.住房城乡建设部办公厅关于举办专业技术人才知识更新工程建筑节能与低碳城市建设高级研修班的通知[EB/OL].（2013-04-28）[2022-11-24].https：//www.mohurd.gov.cn/gongkai/fdzdgknr/tzgg/201304/20130428_213579.html.

[6] 住房和城乡建设部.住房城乡建设部办公厅关于举办专业技术人才知识更新工程建筑节能与低碳城市建设高级研修班的通知[EB/OL].（2014-05-30）[2022-11-24].https：//www.mohurd.gov.cn/gongkai/fdzdgknr/tzgg/201405/20140530_218048.html.

[7] 住房和城乡建设部.住房和城乡建设部办公厅关于成立部科学技术委员会建筑节能与绿色建筑专业委员会的通知[EB/OL].（2019-10-31）[2022-11-24].https：//www.mohurd.gov.cn/gongkai/fdzdgknr/tzgg/201910/20191031_242480.html.

表 2-17　部分历年发布建筑节能相关规范性文件（激励优秀）

[1] 住房和城乡建设部.关于印发《全国绿色建筑创新奖管理办法》的通知[EB/OL].（2004-09-09）[2022-11-24].https：//www.mohurd.gov.cn/gongkai/fdzdgknr/tzgg/200409/20040909_158460.html.

[2] 住房和城乡建设部.关于印发《全国绿色建筑创新奖实施细则（试行）》的通知[EB/OL].（2004-10-20）[2022-11-24].https://www.mohurd.gov.cn/gongkai/fdzdgknr/tzgg/200410/20041020_158462.html.

[3] 住房和城乡建设部.关于印发《全国绿色建筑创新奖实施细则》和《全国绿色建筑创新奖评审标准》的通知[EB/OL].（2011-01-04）[2022-11-24].https：//www.mohurd.gov.cn/gongkai/fdzdgknr/tzgg/201101/20110104_ 202254.html.

表 2-18　部分历年发布建筑节能相关规范性文件（工作办法、指导意见）

[1] 住房和城乡建设部.关于新建居住建筑严格执行节能设计标准的通知[EB/OL].（2005-04-28）[2022-11-24].https：//www.mohurd.gov.cn/gongkai/fdzdgknr/tzgg/200504/20050428_158471.html.

[2] 住房和城乡建设部.关于发展节能省地型住宅和公共建筑的指导意见[EB/OL].（2005-06-06）[2022-11-24].https：//www.mohurd.gov.cn/gongkai/fdzdgknr/tzgg/200506/20050606_158479.html.

[3] 住房和城乡建设部.关于贯彻《国务院办公厅关于开展资源节约活动的通知》的意见[EB/OL].（2005-06-03）[2022-11-24].https：//www.mohurd.gov.cn/gongkai/fdzdgknr/tzgg/200506/20050603_158477.html.

[4] 住房和城乡建设部.关于加强民用建筑工程项目建筑节能审查工作的通知[EB/OL].（2005-06-03）[2022-11-24].https：//www.mohurd.gov.cn/gongkai/fdzdgknr/tzgg/200506/20050603_158476.html.

[5] 住房和城乡建设部.关于进一步加强建筑节能标准实施监管工作的通知[EB/OL].（2005-08-25）[2022-11-24].https：//www.mohurd.gov.cn/gongkai/fdzdgknr/tzgg/200508/20050825_158722.html.

[6] 住房和城乡建设部.关于印发《民用建筑工程节能质量监督管理办法》的通

知[EB/OL].（2006-08-09）[2022-11-24].https：//www.mohurd.gov.cn/gongkai/fdzdgknr/tzgg/200608/20060809_158171.html.

[7] 住房和城乡建设部.建设部关于贯彻《国务院关于加强节能工作的决定》的实施意见[EB/OL].（2006-09-28）[2022-11-24].https：//www.mohurd.gov.cn/gongkai/fdzdgknr/tzgg/200609/20060928_158515.html.

[8] 住房和城乡建设部.关于印发《建设部关于落实〈国务院关于印发节能减排综合性工作方案的通知〉的实施方案》的通知[EB/OL].（2007-06-29）[2022-11-24].https：//www.mohurd.gov.cn/gongkai/fdzdgknr/tzgg/200706/20070629_158556.html.

[9] 住房和城乡建设部.关于印发《民用建筑能耗统计报表制度》（试行）的通知[EB/OL].（2007-08-16）[2022-11-24].https：//www.mohurd.gov.cn/gongkai/fdzdgknr/tzgg/200708/20070816_158562.html.

[10] 住房和城乡建设部.关于印发《绿色建筑评价标识管理办法》（试行）的通知[EB/OL].（2007-08-27）[2022-11-24].https：//www.mohurd.gov.cn/gongkai/fdzdgknr/tzgg/200708/20070827_158564.html.

[11] 住房和城乡建设部.关于试行民用建筑能效测评标识制度的通知[EB/OL].（2008-05-09）[2022-11-24].https：//www.mohurd.gov.cn/gongkai/fdzdgknr/tzgg/200805/20080509_167570.html.

[12] 住房和城乡建设部.关于印发《民用建筑节能信息公示办法》的通知[EB/OL].（2008-06-26）[2022-11-24].http：//www.gov.cn/gongbao/content/2008/content_1175826.htm.

[13] 住房和城乡建设部.关于加强建筑节能材料和产品质量监督管理的通知[EB/OL].（2008-09-02）[2022-11-24].https：//www.mohurd.gov.cn/gongkai/fdzdgknr/tzgg/200809/20080902_176721.html.

[14] 住房和城乡建设部.关于印发《绿色低碳重点小城镇建设评价指标（试行）》的通知[EB/OL].（2011-09-28）[2022-11-24].https：//www.mohurd.gov.cn/gongkai/fdzdgknr/tzgg/201109/20110928_206429.html.

[15] 住房和城乡建设部.关于印发住房城乡建设部关于落实《国务院关于印发"十二五"节能减排综合性工作方案的通知》的实施方案的通知[EB/OL].

（2011-12-09）[2022-11-24].https：//www.mohurd.gov.cn/gongkai/fdzdgknr/tzgg/201112/20111209_207792.html.

[16] 住房和城乡建设部.住房城乡建设部关于印发《绿色数据中心建筑评价技术细则》的通知[EB/OL].（2015-12-24）[2022-11-24].https://www.mohurd.gov.cn/gongkai/fdzdgknr/tzgg/201512/20151224_226089.html.

[17] 住房和城乡建设部.住房城乡建设部关于印发《民用建筑能耗统计报表制度》的通知[EB/OL].（2015-12-21）[2022-11-24].https：//www.mohurd.gov.cn/gongkai/fdzdgknr/tzgg/201512/20151221_226035.html.

[18] 住房和城乡建设部.住房城乡建设部关于发布《绿色保障性住房技术导则》的通知[EB/OL].（2014-01-07）[2022-11-24].https：//www.mohurd.gov.cn/gongkai/fdzdgknr/tzgg/201401/20140107_216779.html.

[19] 住房和城乡建设部.住房城乡建设部关于落实国家新型城镇化规划完善工程建设标准体系的意见[EB/OL].（2014-10-10）[2022-11-24].https：//www.mohurd.gov.cn/gongkai/fdzdgknr/tzgg/201410/20141010_219252.html.

[20] 住房和城乡建设部.住房城乡建设部 工业和信息化部关于开展绿色农房建设的通知[EB/OL].（2013-12-25）[2022-11-24].https：//www.mohurd.gov.cn/gongkai/fdzdgknr/tzgg/201312/20131225_216676.html.

[21] 住房和城乡建设部.关于进一步加强建筑门窗节能性能标识工作的通知[EB/OL].（2010-07-13）[2022-11-24].https：//www.mohurd.gov.cn/gongkai/fdzdgknr/tzgg/201007/20100713_201479.html.

[22] 住房和城乡建设部.住房和城乡建设部等15部门关于加强县城绿色低碳建设的意见[EB/OL].（2021-06-08）[2022-11-24].https：//www.mohurd.gov.cn/gongkai/fdzdgknr/tzgg/202106/20210608_250403.html.

[23] 住房和城乡建设部.住房和城乡建设部办公厅关于发布绿色建筑标识式样的通知[EB/OL].（2021-09-15）[2022-11-24].https：//www.mohurd.gov.cn/gongkai/fdzdgknr/zfhcxjsbwj/202109/20210915_762114.html.

[24] 住房和城乡建设部.住房和城乡建设部 应急管理部关于加强超高层建筑规划建设管理的通知[EB/OL].（2021-10-26）[2022-11-24].https：//www.mohurd.gov.cn/gongkai/fdzdgknr/zfhcxjsbwj/202110/20211026_762643.html.

[25] 住房和城乡建设部.住房和城乡建设部 国家发展改革委关于印发城乡建设领域碳达峰实施方案的通知[EB/OL].（2022-07-13）[2022-11-24].https：//www.mohurd.gov.cn/gongkai/fdzdgknr/zfhcxjsbwj/202207/20220713_767161.html.

[26] 国家发展和改革委员会."十四五"新型城镇化实施方案[EB/OL].（2022-07-28）[2022-11-24].https：//www.ndrc.gov.cn/fggz/fzzlgh/gjjzxgh/202207/t20220728_1332050.html.

附录3：插图一览

第1章

图1-1　2006～2022年汽油价格变化

图1-2　2010～2022年煤炭价格变化

图1-3　我国2003～2021年全年能源消费总量

图1-4　我国2000～2020年全年煤与石油进口量

图1-5　我国2000～2019年全年石油终端消费量

图1-6　我国2014～2021年煤炭与清洁能源消费比例

图1-7　我国1990～2019年按来源分类的总能源供应

图1-8　我国1990～2019年各部门的能源总消费情况

图1-9　中美欧基于能源的二氧化碳排放全球占比情况

图1-10　政策与公共政策的内涵理解

图1-11　广义建筑能耗定义一

图1-12　广义建筑能耗定义二

图1-13　建筑节能防火、消防、安全研究量占比

第2章

图2-1　建筑节能政策层次示意图

图2-2　建筑节能政策体系主构架示意图

图2-3　建筑节能政策内容概览示意图

图2-4　标准体系现状示意图

图2-5　建筑节能标准分类示意图

第3章

图3-1　推进建筑节能的十八项制度示意图

图 3-2　建筑节能政策演进示意图

图 3-3　建筑节能标准体系示意图

图 3-4　建筑热工设计规范演进示意图

图 3-5　绿色建筑标准演进示意图

图 3-6　绿色建筑评估体系演进示意图

图 3-7　近零能耗建筑节能减排逻辑示意图

第 4 章

图 4-1　文献样本庚总体趋势分析图

图 4-2　文献样本庚学科分布图

图 4-3　文献样本庚机构合作情况

图 4-4　文献样本庚机构分布情况

图 4-5　文献样本庚作者合作情况

图 4-6　文献样本庚作者发文情况

图 4-7　文献样本庚关键词突现图

图 4-8　文献样本丙关键词突现图

图 4-9　文献样本甲关键词聚类时间线图

图 4-10　文献样本乙关键词聚类时间线图

图 4-11　文献样本丙关键词聚类时间线图

图 4-12　文献样本丁关键词聚类时间线图

图 4-13　文献样本戊关键词聚类时间线图

图 4-14　文献样本庚关键词聚类时间线图

图 4-15　《城乡建设领域碳达峰实施方案》措施部分示意图

附录 4：表格一览

第 1 章

表 1-1　建筑节能与绿色建筑概念差异

第 2 章

表 2-1　建筑节能相关法律
表 2-2　建筑节能相关行政法规
表 2-3　建筑节能相关部门规章
表 2-4　部分历年发布建筑节能相关规范性文件（节能减排工作安排、规划）
表 2-5　部分历年发布建筑节能相关规范性文件（建筑节能工作要点、计划、规划）
表 2-6　部分历年发布建筑节能相关规范性文件（节能建材）
表 2-7　部分历年发布建筑节能相关规范性文件（建筑节能试点示范）
表 2-8　部分历年发布建筑节能相关规范性文件（公共建筑节能）
表 2-9　部分历年发布建筑节能相关规范性文件（绿色建筑）
表 2-10　部分历年发布建筑节能相关规范性文件（节能改造）
表 2-11　部分历年发布建筑节能相关规范性文件（消防安全）
表 2-12　部分历年发布建筑节能相关规范性文件（可再生能源规划）
表 2-13　部分历年发布建筑节能相关规范性文件（可再生能源）
表 2-14　部分历年发布建筑节能相关规范性文件（可再生能源：太阳能）
表 2-15　部分历年发布建筑节能相关规范性文件（监督检查）
表 2-16　部分历年发布建筑节能相关规范性文件（人才支持）
表 2-17　部分历年发布建筑节能相关规范性文件（激励优秀）
表 2-18　部分历年发布建筑节能相关规范性文件（工作办法、指导意见）

第 3 章

表 3-1　建筑节能率区分表

第 4 章

表 4-1　部分建筑节能政策研究著作提出的建议

表 4-2　文献样本收集表

表 4-3　文献样本高频关键词汇总表

参考文献

[1] 国家统计局. 年度统计公报 [EB/OL].（2022-02-28）[2022-06-10].http：//www.stats.gov.cn/tjsj/tjgb/.

[2] TRADINGECONOMICS[EB/OL].（2022-06-15）[2022-06-15].https：//tradingeconomics.com/.

[3] 国家统计局. 国家数据 [EB/OL].（2022-06-18）[2022-06-18].http：//data.stats.gov.cn/.

[4] 国家统计局. 中华人民共和国 2021 年国民经济和社会发展统计公报 [EB/OL].（2022-02-28）[2022-10-08].http：//www.stats.gov.cn/tjsj/zxfb/202202/t20220227_1827960.html.

[5] 国际能源署. 中国 1990-2019 年按来源分类的总能源供应 [EB/OL].（2022-10-10）[2022-10-10].https：//www.iea.org/countries/china.

[6] 国际能源署. 中国 1990-2019 年各部门的能源总消费情况 [EB/OL].（2022-10-10）[2022-10-10].https：//www.iea.org/countries/china.

[7] 曹立. 确保初级产品供给安全 [J]. 红旗文稿，2022（14）：24-26.

[8] 王科荀，姚海清，赵树旺，等. 地埋管换热器传热模拟与优化研究进展 [J]. 区域供热，2022（5）：92-105.

[9] 国家发展改革委员会. 国家发展改革委关于印发节能中长期专项规划的通知 .[EB/OL].（2004-05-01）[2022-10-25].https：//www.ndrc.gov.cn/fggz/fzzlgh/gjjzxgh/200709/P020191104622965959182.pdf.

[10] 张永生，巢清尘，陈迎，等. 中国碳中和:引领全球气候治理和绿色转型 [J]. 国际经济评论，2021（3）：9-26，4.

[11] 新华网. 习近平主持召开中央财经委员会第九次会议强调推动平台经济规范健康持续发展把碳达峰碳中和纳入生态文明建设整体布局 [EB/OL].（2021-03-15）[2022-10-08].http：//www.xinhuanet.com/politics/

leaders/2021-03/15/c_1127214324.htm.

[12] 巢清尘.“碳达峰和碳中和”的科学内涵及我国的政策措施[J].环境与可持续发展,2021,46(2):14-19.

[13] 郭新政.国际人权法视角下碳排放权问题与解决[J].西南政法大学学报,2022,24(2):32-44.

[14] 薄燕,陈志敏.全球气候变化治理中欧盟领导能力的弱化[J].国际问题研究,2011(1):37-44,4.

[15] 翟石磊.发展正义视角下的中美碳排放话语对比研究[J].中国石油大学学报(社会科学版),2022,38(2):40-46.

[16] 张海滨.关于全球气候治理若干问题的思考[J].华中科技大学学报(社会科学版),2022,36(5):31-38.

[17] 王云鹏.论《巴黎协定》下碳交易的全球协同[J].国际法研究,2022(3):91-109.

[18] 潘家华,孙天弘.关于碳中和的几个基本问题的分析与思考[J].中国地质大学学报(社会科学版),2022,22(5):45-59.

[19] 张平.中国经济绿色转型的路径、结构与治理[J].社会科学战线,2022(8):69-81,281.

[20] BP.Statistical review of world energy 2022[EB/OL].(2022-06)[2022-10-10].https://www.bp.com/content/dam/bp/business-sites/en/global/corporate/pdfs/energy-economics/statistical-review/bp-stats-review-2022-full-report.pdf.

[21] 住房和城乡建设部.住房和城乡建设部关于印发"十四五"建筑业发展规划的通知[EB/OL].(2022-01-19)[2022-10-11].http://www.gov.cn/zhengce/zhengceku/2022-01/27/content_5670687.htm.

[22] 清华大学建筑节能研究中心.中国建筑节能年度发展研究报告2022公共建筑专题[M].北京:中国建筑工业出版社,2022:24.

[23] 李正希,靳国良.低碳生态观:低碳发展与生态文明的中国梦[M].北京:中国经济出版社,2015:3.

[24] 高景成.常用字字源字典[M].北京:语文出版社,2008:368.

[25] 孔子;杨伯峻,杨逢彬注译;杨柳岸导读.论语[M].长沙:岳麓书社,

2018: 152.

[26] 胡培俊. 常用字字源字典常用字源流探析 [M]. 武汉: 崇文书局, 2012: 828, 59-60.

[27] Murray Edelman.The Symbolic Uses of Politics[M].Urbana: University of Illinois Press, 1964: 17.

[28] 詹姆斯.E.安德森. 公共决策 [M]. 唐亮, 译. 北京: 华夏出版社, 1990: 4.

[29] 詹姆斯.E.安德森. 公共政策制定 [M].5版. 谢明等, 译. 北京: 中国人民大学出版社, 2009: 3.

[30] David Easton.The Political System[M].New York: Knopf, 1953: 129.

[31] CarlJ. Friedrich.Man and His Governmenr[M].New York: Mc Graw-Hill, 1963: 70.

[32] Harold D.Lasswell and Abraham Kaplan, Powerand Society[M].New Haven, CT: Yale University Press, 1970: 71.

[33] 戴伊. 理解公共政策 [M].12版. 谢明, 译. 北京: 中国人民大学出版社, 2010: 8.

[34] 孙光. 政策科学 [M]. 杭州: 浙江教育出版社, 1988: 14.

[35] 王福生. 政策学研究 [M]. 成都: 四川人民出版社, 1991: 28.

[36] 张金马. 政策科学导论 [M]. 北京: 中国人民大学出版社, 1992: 20.

[37] 陈振明, 黄强, 骆沙舟. 政策科学原理 [M]. 厦门: 厦门大学出版社, 1993: 18.

[38] 陈振明. 政策科学 [M]. 北京: 中国人民大学出版社, 1998: 59.

[39] 陈振明. 政策科学: 公共政策分析导论 [M].2版. 北京: 中国人民大学出版社, 2003: 50.

[40] 王骚. 政策原理与政策分析 [M]. 天津: 天津大学出版社, 2003: 7.

[41] 郑敬高. 政策科学 [M]. 济南: 山东人民出版社, 2005: 17.

[42] 谭开翠. 现代公共政策导论 [M]. 北京: 中国书籍出版社, 2013: 55-56.

[43] 中国社会科学院语言研究所词典编辑室. 现代汉语词典 [M].7版. 北京: 商务印书馆, 2016 (2021.4重印): 1674.

[44] 张国庆. 现代公共政策导论 [M]. 北京: 北京大学出版社, 1997: 8.

[45] 刘加平，谢静超. 广义建筑围护结构热工设计原理与方法 [J]. 建筑科学，2022，38（8）：1-8.

[46] 王蕾，魏后凯. 中国城镇化对能源消费影响的实证研究 [J]. 资源科学，2014，36（6）：1235-1243.

[47] 朱守先，梁本凡. 中国城市低碳发展评价综合指标构建与应用 [J]. 城市发展研究，2012，19（9）：93-98.

[48] 常远，王要武. 基于经济投入-产出生命期评价模型的我国建筑物化能与大气影响分析 [J]. 土木工程学报，2011，44（5）：136-143.

[49] 程敏，施霞君. 建筑节能的全生命周期研究 [J]. 生态经济，2009（7）：118-120，123.

[50] 李兆坚，江亿. 我国广义建筑能耗状况的分析与思考 [J]. 建筑学报，2006（7）：30-33.

[51] 张小平，李鹏，宁伟，等. 低碳导向下的淄博市中央活力片区城市设计 [J]. 规划师，2021，37（21）：51-57.

[52] 杨丽. 泛广义建筑节能 [J]. 住宅科技，2017，37（5）：32-37.

[53] 朱守先，梁本凡. 中国城市低碳发展评价综合指标构建与应用 [J]. 城市发展研究，2012，19（9）：93-98.

[54] 徐寿波. 改革开放30年中国能源发展战略的变革 [J]. 中国国情国力，2008（10）：8-12.

[55] 王家诚，徐寿波. 节能是我国能源发展的长期战略方针 [J]. 经济改革与发展，1998（4）：42-47.

[56] 林伯强. 碳中和背景下的广义节能——基于产业结构调整、低碳消费和循环经济的节能新内涵 [J]. 厦门大学学报（哲学社会科学版），2022，72（2）：10-20.

[57] 彭琛，江亿. 中国建筑节能路线图 [M]. 北京：中国建筑工业出版社，2015.12：8.

[58] 宋春华. 广义建筑节能与综合节能措施 [J]. 住宅科技，2005（11）：6-11.

[59] 李静薇，陈忠贵，郑巧玲，等. 浅谈即将到来的住宅建筑节能第三步——新建住宅节能65%[J]. 油气田地面工程，2005（3）：34-35.

[60] 曹伟著.广义建筑节能[M].北京：中国电力出版社，2016.01：114.

[61] 华京君,张莉红,李郁武.社会主义新农村建设的住宅节能研究[J].安徽农业科学,2010,38（30）：17126-17127.

[62] 杨红霞.建筑节能评价体系的探讨与研究[J].暖通空调,2006（9）：42-44.

[63] 黄继红,范文莉.以建筑节能为导向的建筑整合设计策略[J].工业建筑,2008（2）：21-24.

[64] 中国政府网.民用建筑节能条例[EB/OL].(2008-08-01)[2022-09-29].http://www.gov.cn/zhengce/2020-12/27/content_5574530.htm.

[65] 美国环境保护署.DefinitionofGreenBuilding[EB/OL].（2022）[2022-10-12].https：//archive.epa.gov/greenbuilding/web/html/about.html.

[66] 住房和城乡建设部.住房和城乡建设部关于发布国家标准《绿色建筑评价标准》的公告[EB/OL].（2019-03-13）[2022-10-27].ttps：//www.mohurd.gov.cn/gongkai/fdzdgknr/tzgg/201905/20190530_240717.html.

[67] 中国政府网.民用建筑节能条例[EB/OL].（2008-08-01）[2022-10-18].http://www.gov.cn/flfg/2008-08/07/content_1067062.htm.

[68] 住房和城乡建设部.住房和城乡建设部关于印发"十四五"建筑节能与绿色建筑发展规划的通知[EB/OL].（2022-03-01）[2022-10-20].https：//www.mohurd.gov.cn/gongkai/fdzdgknr/zfhcxjsbwj/202203/20220311_765109.html.

[69] 中国建筑节能协会.关于发布《夏热冬暖地区净零能耗公共建筑技术导则》团体标准的公告[EB/OL].（2019-12-27）[2022-10-20].https：//www.cabee.org/site/content/23348.html.

[70] 广东省建筑节能协会.关于发布《绿色建筑工程咨询、设计及施工图审查收费标准（试行）》的通知[EB/OL].（2013-06-28）[2022-10-20].http://www.gbeca.org/xinwenzixun/xiehuitongzhi/17unejgveb7co.xhtml.

[71] 上海市浦东新区建设和交通委员会.上海市浦东新区民用建筑节能评估管理办法（试行）[EB/OL].（2010-08-05）[2022-10-21].https：//www.pudong.gov.cn/00601000105/20220112/633042.html.

[72] 新浪网.央视大火[EB/OL].（2009-02-15）[2022-10-22].http://news.sina.com.cn/o/2009-02-15/034215163538s.shtml.

[73] 河南省文物局.国内十大典型火灾案例[EB/OL].(2021-06-30)[2022-10-20]. https://wwj.henan.gov.cn/2021/06-30/2174334.html.

[74] 中国新闻网.沈阳五星级酒店万鑫酒店大火系燃放烟花所致[EB/OL].(2011-02-03)[2022-10-22].https://www.chinanews.com.cn/sh/2011/02-03/2826705.shtml.

[75] 中国政府网.我国将民用建筑外保温材料纳入消防审核验收范围[EB/OL].(2011-03-15)[2022-10-22].http://www.gov.cn/govweb/jrzg/2011-03/15/content_1825336.htm.

[76] 胡红.节能政策的实施、演进和展望[M].中国发展出版社,2019.08:157.

[77] 住房和城乡建设部.中国建筑技术政策:2013版[M].北京:中国城市出版社,2013.10:43.

[78] 中国人大网.中华人民共和国建筑法[EB/OL].(2019-05-07)[2022-10-31]. http://www.npc.gov.cn/npc/c30834/201905/0b21ae7bd82343dead2c5cdb2b65ea4f.shtml.

[79] 国家发展和改革委员会.国家发展改革委新闻发布会介绍生态文明建设有关工作情况文字实录:刘德春[EB/OL].(2022-09-22)[2022-10-31]. https://www.ndrc.gov.cn/xwdt/wszb/stwmjsyggzqk/wzsl/202209/t20220922_1335940.html.

[80] 《中华法学大辞典》编委会.中华法学大辞典简明本[M].北京:中国检察出版社,2003:66,1282,29,794.

[81] 中国人大网.中华人民共和国建筑法[EB/OL].(2019-05-07)[2022-10-31]. http://www.npc.gov.cn/npc/c30834/201905/0b21ae7bd82343dead2c5cdb2b65ea4f.shtml.

[82] 中国政府网.全国人民代表大会常务委员会关于修改《中华人民共和国建筑法》等八部法律的决定[EB/OL].(2019-04-23)[2022-10-18].http://www.gov.cn/xinwen/2019-04/23/content_5385561.htm.

[83] 中国人大网.中华人民共和国节约能源法[EB/OL].(2018-11-05)[2022-10-18]. http://www.npc.gov.cn/npc/c12435/201811/045c859c5a31443e855f6105fe22852b.shtml.

[84] 国家应对气候变化战略研究和国际合作中心.国务院关于发布《节约能源管理暂行条例》的通知[EB/OL].（2002-10-09）[2022-10-31].https://www.ccchina.org.cn/Detail.aspx?newsId=28002&TId=60.

[85] 中国政府网.国务院关于废止2000年底以前发布的部分行政法规的决定[EB/OL].（2001-10-06）[2022-10-31].http://www.gov.cn/gongbao/content/2001/content_61147.htm.

[86] 中国政府网.《中华人民共和国安全生产法》[EB/OL].（2002-06-29）[2022-10-18].http://www.gov.cn/ztzl/2006-05/27/content_292725.htm.

[87] 中国政府网.全国人民代表大会常务委员会关于修改《中华人民共和国安全生产法》的决定[EB/OL].（2021-06-10）[2022-10-18].http://www.gov.cn/xinwen/2021-06/11/content_5616916.htm.

[88] 中国政府网.中华人民共和国可再生能源法[EB/OL].（2005-02-28）[2022-10-18].http://f.mnr.gov.cn/201702/t20170206_1436542.html.

[89] 中国政府网.全国人民代表大会常务委员会关于修改《中华人民共和国可再生能源法》的决定[EB/OL].（2009-12-26）[2022-10-18].http://www.gov.cn/flfg/2007-10/28/content_788493.htm.

[90] 柯坚.全球气候变化背景下我国可再生能源发展的法律推进——以《可再生能源法》为中心的立法检视[J].政法论丛,2015,No.167（4）:75-83.

[91] 中国政府网.建设工程质量管理条例[EB/OL].（2019-04-23）[2022-11-05].http://www.gov.cn/zhengce/2020-12/26/content_5574380.htm.

[92] 中国政府网.建设工程安全生产管理条例[EB/OL].（2003-11-24）[2022-11-05].http://www.gov.cn/zwgk/2005-05/23/content_183.htm.

[93] 中国政府网.建设工程勘察设计管理条例[EB/OL].（2017-10-07）[2022-11-05].http://www.gov.cn/zhengce/2020-12/26/content_5574366.htm.

[94] 中国政府网.民用建筑节能条例[EB/OL].（2008-08-01）[2022-11-05].http://www.gov.cn/flfg/2008-08/07/content_1067062.htm.

[95] 中国政府网.公共机构节能条例[EB/OL].（2017-03-01）[2022-11-05].http://www.gov.cn/zhengce/2020/12/27/content_5574520.htm.

[96] 临沂市兰山区人民法院.中华人民共和国建设部令（第76号）[EB/OL].

（2000-02-18）[2022-11-05].http：//www.lscps.gov.cn/html/8197.

[97] 中国政府网.民用建筑节能管理规定[EB/OL].（2005-11-10）[2022-11-05].http：//www.gov.cn/gongbao/content/2006/content_421780.htm.

[98] 中国政府网.实施工程建设强制性标准监督规定[EB/OL].（2005-08-25）[2022-11-05].http：//www.gov.cn/zhengce/2022-01/25/content_5712058.htm.

[99] 中国政府网.房屋建筑和市政基础设施工程施工图设计文件审查管理办法[EB/OL].（2013-04-27）[2022-11-05].http：//www.gov.cn/zhengce/2022-01/25/content_5711961.htm.

[100] 兰兵.中美建筑节能设计标准比较研究[D].武汉：华中科技大学，2014：III.

[101] 本书编委会.中华人民共和国标准化法附新旧条文对照2017最新修订版[M].北京：中国民主法制出版社，2017：2，3-6.

[102] 徐伟.国际建筑节能标准研究[M].北京：中国建筑工业出版社，2012.12：3.

[103] 邹瑜，郭伟，汤亚军，等.建筑环境与节能标准体系现状与发展[J].建筑科学，2013，29（10）：10-19，40.

[104] 段宗志，何长全，陈剑云，等.浅论我国建筑节能存在的问题与对策[J].建筑管理现代，2007（6）：1-4.

[105] 郭伟，陈曦.中国建筑节能技术标准体系现状研究[J].建筑节能，2013，41（9）：61-65.

[106] 住房和城乡建设部.住房城乡建设部关于发布行业标准《既有居住建筑节能改造技术规程》的公告[EB/OL].（2013-01-06）[2022-11-24].https：//www.mohurd.gov.cn/gongkai/fdzdgknr/tzgg/201301/20130106_212475.html.

[107] 中国政府网.国务院关于印发"十二五"节能减排综合性工作方案的通知[EB/OL].（2011-09-07）[2022-11-24].http：//www.gov.cn/zwgk/2011-09/07/content_1941731.htm.

[108] 住房和城乡建设部，财政部.关于推进夏热冬冷地区既有居住建筑节能改造的实施意见[EB/OL].（2021-04-01）[2022-11-24].https：//www.mohurd.gov.cn/gongkai/fdzdgknr/tzgg/201204/20120417_209535.html.

[109] 住房和城乡建设部.住房城乡建设部关于印发夏热冬冷地区既有居住建筑节

能改造技术导则（试行）的通知 [EB/OL].（2013-01-05）[2022-11-24].https://www.mohurd.gov.cn/gongkai/fdzdgknr/tzgg/201301/20130105_212453.html.

[110] 张祖刚. 适用·经济·美观的双重意义 [J]. 建筑学报, 2004（8）: 47-49.

[111] 李浩霞, 刘海霞, 宋艳萍, 等. 基于安全、适用、经济、美观的建筑创作思考 [J]. 江汉石油学院学报, 1999（2）: 102-103.

[112] 唐曙光. 我国建筑节能技术政策研究 [J]. 中外建筑, 2007（4）: 80-83.

[113] 宋琳琳. 中国建筑节能政策网络研究 [M]. 沈阳: 辽宁人民出版社, 2012: 65-72.

[114] 邹瑜, 郎四维, 徐伟, 等. 中国建筑节能标准发展历程及展望 [J]. 建筑科学, 2016, 32（12）: 1-5, 12.

[115] 韩国清, 吴景山, 王海霞. 我国建筑节能立法研究与建议 [J]. 建筑, 2020（13）: 28-31.

[116] 何贝. 中国建筑节能政策体系评价及优化策略研究 [M]. 北京: 经济管理出版社, 2020: 62-66.

[117] 徐伟. 近零能耗建筑技术 [M]. 北京: 中国建筑工业出版社, 2021: 4.

[118] 中国政府网. 关于1980、1981年国民经济计划安排的报告 [EB/OL].（2008-03-11）[2022-11-24].http://www.gov.cn/test/2008-03/11/content_916369.htm.

[119] 云南省生态环境厅. 城乡建设环境保护部关于颁发《城市建设节约能源管理实施细则》的通知 [EB/OL].（2005-11-04）[2022-11-24].https://sthjt.yn.gov.cn/zcfg/guizhang/gjgz/200511/t20051104_13661.html.

[120] 中国政府网. 国务院批转国家建材局等部门关于加快墙体材料革新和推广节能建筑意见的通知 [EB/OL].（1992-11-09）[2022-11-24].http://www.gov.cn/zhengce/content/2016-10/20/content_5122080.htm.

[121] 本书编委会. 中国建筑节能标准回顾与展望 [M]. 北京: 中国建筑工业出版社, 2017: 18, 71, 75, 85, 138-139, 143, 171.

[122] 陈福广. 认真贯彻国务院66号文件推动墙体材料革新和建筑节能工作广泛深入地开展 [J]. 中国建材, 1993（9）: 3-8.DOI: 10.16291/j.cnki.zgjc.1993.09.001.

[123] 关于建筑节能的对策（征求意见稿）[J]. 建筑技术，1988（6）：2-5.

[124] 国家税务总局. 中华人民共和国固定资产投资方向调节税暂行条例[EB/OL].（1991-04-16）[2022-11-24].http：//www.chinatax.gov.cn/chinatax/n810341/n810825/c101434/c74366/content.html.

[125] 韩爱兴. 我国建筑节能工作的状况及展望[J]. 建筑知识，1999（6）：8-10.

[126] 关于基本建设和技术改造工程项目可行性研究报告增列"节能篇（章）"的暂行规定[J]. 节能，1993（3）：39.

[127] 关于固定资产投资工程项目可行性研究报告"节能篇（章）"编制及评估的规定[J]. 中国建设信息，1998（3）：41-42，46.

[128] 国家能源局. 关于发展热电联产的若干规定[EB/OL].（2011-08-179）[2022-11-24].http：//www.nea.gov.cn/2011-08/17/c_131053079.htm.

[129] 住房和城乡建设部. 关于印发《建设部建筑节能"十五"计划纲要》的通知[EB/OL].（2005-06-03）[2022-11-24].https：//www.mohurd.gov.cn/gongkai/fdzdgknr/tzgg/200506/20050603_158478.html.

[130] 中国政府网. 八部委印发城镇供热体制改革试点工作的指导意见[EB/OL].（2005-12-18）[2022-11-24].http：//www.gov.cn/gzdt/2005-12/18/content_130300.htm.

[131] 国务院办公厅. 国家中长期科学和技术发展规划纲要（2006—2020年）[EB/OL].（2006-02-09）[2022-11-24].http：//www.gov.cn/gongbao/content/2006/content_240244.htm.

[132] 住房和城乡建设部. 贯彻节约能源法，推动建筑节能和绿色建筑[EB/OL].（2007-11-19）[2022-11-24].https：//www.mohurd.gov.cn/xinwen/gzdt/200711/20071119_162635.html.

[133] 住房和城乡建设部. 关于印发"十二五"建筑节能专项规划的通知[EB/OL].（2012-05-31）[2022-11-24].https：//www.mohurd.gov.cn/gongkai/fdzdgknr/tzgg/201205/20120531_210093.html.

[134] 中国政府网. 关于印发《民用建筑能耗和节能信息统计报表制度》的通知[EB/OL].（2010-01-27）[2022-11-24].http：//www.gov.cn/gzdt/2010-03/17/content_1557474.htm.

[135] 住房和城乡建设部.关于印发"十二五"建筑节能专项规划的通知[EB/OL].（2012-05-31）[2022-11-24].https：//www.mohurd.gov.cn/gongkai/fdzdgknr/tzgg/201205/20120531_210093.html.

[136] 中国政府网.中共中央国务院关于进一步加强城市规划建设管理工作的若干意见.[EB/OL].（2016-02-21）[2022-09-29].http：//www.gov.cn/zhengce/2016-02/21/content_5044367.htm.

[137] 本刊编辑部.《中共中央国务院关于进一步加强城市规划建设管理工作的若干意见》强调发展新型建造方式推广节能绿色建筑建材[J].散装水泥，2016，No.180（1）：4.

[138] 中国政府网.国务院办公厅关于加强节能标准化工作的意见[EB/OL].（2015-03-24）[2022-10-18].http：//www.gov.cn/zhengce/content/2015-04/04/content_9575.htm.

[139] 霍旭杰.建筑室外设计计算条件基础科学问题研究[D].西安：西安建筑科技大学，2018：8.

[140] 樊新颖，陈滨.我国建筑热工设计参数确定方法依据追溯研究[J].建筑科学，2017，33（12）：159-164，171.

[141] 文泽球，刘衍，杨柳，等.严寒地区民用建筑热工设计二级分区指标适用性分析[J].土木与环境工程学报（中英文），2019，41（5）：183-190.

[142] 刘衍，王赏玉，曹其梦，等.中国建筑节能气象参数研究（英文）[J].Journal of Central South University，2022，29（7）：2301-2316.

[143] 杨柳，刘衍，端木琳等.建筑节能设计基础参数的研究进展[J].建筑科学，2021，37（6）：155-163，205.

[144] 石云志，张克嵩，魏贻宽.《采暖通风与空气调节设计规范》内容简介[J].建筑技术通讯（暖通空调），1988（6）：3-6.

[145] 国家暖通规范管理组.《采暖通风与空气调节设计规范》采暖部分修订要点[J].暖通空调，2001（5）：19-21.

[146] 《采暖通风与空气调节设计规范》修订[J].建筑热能通风空调，2004（4）：42.

[147] 徐伟.《民用建筑供暖通风与空气调节设计规范》编制思路与主要内容[J].

暖通空调，2012，42（7）：12-18.

[148] 李红莲.建筑能耗模拟用典型气象年研究[D].西安：西安建筑科技大学，2016：14.

[149] 白鲁建.建筑节能设计气候区划方法研究[D].西安：西安建筑科技大学，2019：9.

[150] 吕凯琳，刘衍，杨柳，等.建筑热工设计分区现状及指标阈值修正[J].建筑科学，2022，38（10）：144-151.

[151] 郭向斐.围护结构热工设计室外计算参数的更新及其影响研究[D].西安：西安建筑科技大学，2022：3-4.

[152] 黄汉江.建筑经济大辞典[M].上海：上海社会科学院出版社，1990：459.

[153] 建设部建筑节能"九五"计划和2010年规划[J].施工技术,1996(08):1-2.

[154] 住房和城乡建设部.绿色建筑：添彩美丽中国[EB/OL].（2019-08-26）[2022-11-24].https：//www.mohurd.gov.cn/xinwen/gzdt/201908/20190826_241561.html.

[155] 徐伟，邹瑜，孙德宇，等.GB 50189—2015《公共建筑节能设计标准》动态节能率定量评估研究[J].暖通空调，2015，45（10）：7-11.

[156] 徐伟，邹瑜，陈曦，等.GB 50189《公共建筑节能设计标准》修订原则及方法研究[J].暖通空调，2015，45（10）：1-6.

[157] 徐伟，邹瑜，张婧，等.GB 55015—2021《建筑节能与可再生能源利用通用规范》标准解读[J].建筑科学，2022，38（2）：1-6.

[158] 中国政府网.中共中央国务院关于进一步加强城市规划建设管理工作的若干意见.[EB/OL].（2016-02-21）[2022-09-29].http://www.gov.cn/zhengce/2016-02/21/content_5044367.htm.

[159] 绿色奥运建筑研究课题组.绿色奥运建筑评估体系[M].北京：中国建筑工业出版社，2003：8.

[160] 住房和城乡建设部.关于印发《绿色建筑技术导则》的通知[EB/OL].（2005-12-06）[2022-11-24].https：//www.mohurd.gov.cn/gongkai/zhengce/zhengcefilelib/200512/20051206_158491.html.

[161] 聂梅生，秦佑国，江亿，等.中国生态住宅技术评估手册[M].2003版.北

京：中国建筑工业出版社，2003：9.

[162] 聂梅生，秦佑国，江亿，等.中国生态住区技术评估手册[M].北京：中国建筑工业出版社，2007：11.

[163] 《绿色生态住宅小区建设要点与技术导则》[J].住宅科技，2001（6）：3-10.

[164] 朱颖心，林波荣.国内外不同类型绿色建筑评价体系辨析[J].暖通空调，2012，42（10）：9-14，25.

[165] 中国建筑科学研究院著.中国绿色建筑标准规范回顾与展望[M].北京：中国建筑工业出版社，2017.08：24.

[166] 林海燕，程志军，叶凌.国家标准《绿色建筑评价标准》GB/T 50378—2014解读[J].建设科技，2014，No.271（16）：11-14，18.

[167] 王清勤.我国绿色建筑发展和绿色建筑标准回顾与展望[J].建筑技术，2018，49（4）：340-345.

[168] 王清勤，叶凌.《绿色建筑评价标准》GB/T 50378—2019的编制概况、总则和基本规定[J].建设科技，2019，No.394（20）：31-34.

[169] 王清勤，李国柱，孟冲等.GB/T 50378—2019《绿色建筑评价标准》编制介绍[J].暖通空调，2019，49（8）：1-4.

[170] 北京市住房城乡建设委.关于发布北京市工程建设标准《公共建筑节能评估标准》的通知[EB/OL].（2011-4-11）[2022-11-24].http：//zjw.beijing.gov.cn/bjjs/xxgk/fgwj3/gfxwj/zfcxjswwj/316525/index.shtml.

[171] 国家发展和改革委员会.国家发展和改革委员会令第6号[EB/OL].（2010-9-17）[2023-04-23].http：//www.gov.cn/gongbao/content/2011/content_1792048.htm.

[172] 上海市浦东新区人民政府.关于印发《上海市浦东新区民用建筑节能评估管理办法（试行）》的通知.（2011-01-17）[2023-04-23].https：//www.pudong.gov.cn/00601000105/20220112/633042.html.

[173] 浙江省住房和城乡建设厅.关于印发《浙江省民用建筑项目节能评估和审查管理办法》的通知[EB/OL].（2011-9-6）[2023-04-23].http：//jxt.zj.gov.cn/art/2011/12/29/art_1582894_9859.html.

[174] 关于发布浙江省工程建设标准《民用建筑项目节能评估技术规程》的公

告 [EB/OL].（2023-02-23）[2023-04-23].https://jst.zj.gov.cn/art/2023/2/23/art_1228990170_327.html.

[175] 江亿, 薛志峰. 审视北京大型公共建筑节能 [J]. 科技潮, 2004（10）: 18-22.

[176] 张野, 江亿, 谢晓娜, 等. 绿色奥运建筑评估体系围护结构节能评估研究及指标确定 [J]. 暖通空调, 2004（11）: 36-43.

[177] 于少杰, 辛升, 赵凤忠. 固定资产投资项目节能评估方法 [J]. 中国资源综合利用, 2010, 28（9）: 58-60.

[178] 蒙明元. 固定资产投资项目节能评估工作中存在的主要问题 [J]. 中国工程咨询, 2010（12）: 25-26.

[179] 王侃宏, 侯佳松, 戚高启. 浅析中国固定资产投资项目节能评估发展现状 [J]. 能源与节能, 2011（6）: 25-27, 77.

[180] 万志美, 曾理, 叶银霖, 等. 温州娄桥某医疗建筑节能评估案例分析 [J]. 建筑节能, 2017, 45（5）: 134-136, 147.

[181] 曾理, 金伟, 林胜华. 从失败经验看建筑节能评估对设计的提升——以温州项目为例 [J]. 福建建筑, 2018（9）: 24-26.

[182] 徐伟. 迈向零能耗建筑技术与实践 [J]. 中国建筑金属结构, 2016（1）: 30-34.

[183] 张时聪. 超低能耗建筑节能潜力及技术路径研究 [D]. 哈尔滨: 哈尔滨工业大学, 2016: 4.

[184] 徐伟, 杨芯岩, 张时聪. 中国近零能耗建筑发展关键问题及解决路径 [J]. 建筑科学, 2018, 34（12）: 165-173.

[185] 丁建斌. 中国零碳建筑的一次伟大实践——介绍2010年上海世博会伦敦案例零碳馆 [J]. 住宅科技, 2010, 30（11）: 1-4.

[186] 汉堡之家 [J]. 建设科技, 2010（10）: 86.

[187] 徐伟, 刘志坚. 中国式"近零能耗建筑"技术路线 [J]. 建筑, 2016（4）: 68-70.

[188] 彭梦月. 中德合作被动式低能耗建筑示范项目工程实践及质量保证措施 [J]. 住宅产业, 2014, No.162（Z1）: 27-32.

[189] "CABR近零能耗示范建筑"落成并交付使用[J].建筑科学,2014,30(8):134.

[190] 《被动式超低能耗绿色建筑技术导则(试行)(居住建筑)》印发[J].建设科技,2015,No.302(23):17.

[191] 徐伟,邹瑜,孙德宇等.被动式超低能耗绿色建筑技术导则》编制思路及要点[J].建设科技,2015,No.302(23):17-21.

[192] CPBA中国建筑节能协会被动式超低能耗建筑分会.《中国超低/近零能耗建筑最佳实践案例集》发布研讨会在京召开[EB/OL].(2017-07-24)[2022-11-24].http://chinapb.org.cn/article/242.

[193] 中国政府网.国务院关于印发"十三五"节能减排综合工作方案的通知[EB/OL].(2017-01-05)[2022-11-24].http://www.gov.cn/zhengce/content/2017-01/05/content_5156789.htm.

[194] 住房和城乡建设部.住房城乡建设部关于印发建筑节能与绿色建筑发展"十三五"规划的通知[EB/OL].(2017-03-14)[2022-11-24].https://www.mohurd.gov.cn/gongkai/zhengce/zhengcefilelib/201703/20170314_230978.html.

[195] 住房和城乡建设部.住房和城乡建设部关于印发"十四五"建筑节能与绿色建筑发展规划的通知[EB/OL].(2022-03-01)[2022-10-20].https://www.mohurd.gov.cn/gongkai/fdzdgknr/zfhcxjsbwj/202203/20220311_765109.html.

[196] 韩继红,廖琳,张改景.我国绿色建筑评价标准体系发展历程回顾与趋势展望[J].建设科技,2017(8):10-13.

[197] 纪博雅,毛晓峰,曹勇,等.我国建筑节能低碳技术标准体系现状与发展建议[J].建筑经济,2022,43(1):19-26.

[198] 康艳兵.建筑节能政策解读[M].北京:中国建筑工业出版社,2008:105-109.

[199] 苏明.中国建筑节能经济激励政策研究[M].北京:中国财政经济出版社,2011:35-43,112-116,210-213,281-289,365-367.

[200] 陈妍.中国建筑节能政策研究[M].北京:中国社会科学出版社,2017:

187-189.

[201] 李娇.基于知识图谱的科研综述生成研究[D].北京：中国农业科学院，2021：8.

[202] 李海平，齐卓砾，胡君朋.标准化领域知识图谱的构建和应用研究[J].中国标准化，2022，No.614（17）：51-55.

[203] 杨宏伟."知识图谱"在旅游管理学科课程教学中的系统应用[J].经济师，2013（4）：147-148.

[204] 李小涛，金心怡，李艳，等.基于ESI高被引论文的医学信息学研究前沿可视化分析[J].现代情报，2018，38（12）：120-125.

[205] 陈悦，陈超美，刘则渊，等.CiteSpace知识图谱的方法论功能[J].科学学研究，2015，33（2）：242-253.

[206] 刘光阳.CiteSpace国内应用的传播轨迹——基于2006—2015年跨库数据的统计与可视化分析[J].图书情报知识，2017（2）：60-74.

[207] 《数据库百科全书》编委会.数据库百科全书[M].上海：上海交通大学出版社，2009：282-283.

[208] 公茂刚，李汉瑾，窦心语.数字普惠金融研究进展、热点探析与趋势展望——基于Citespace文献计量分析[J].兰州学刊，2022（7）：45-57.

[209] 韩薇薇，徐娜.我国"工匠精神"研究现状与前沿——基于citesapce可视化分析方法[C]//天津市社会科学界联合会.天津市社会科学界第十四届学术年会优秀论文集：加快构建中国特色哲学社会科学推进"五个现代化天津"建设（下）.天津出版传媒集团，2018：13-22.

[210] Chen C，Song M.Visualizing a field of research: A methodology of systematic scientometric reviews[J].PLoS one，2019，14（10）：e0223994.

[211] 倪外，曾刚.国外低碳经济研究动向分析[J].经济地理，2010，30（8）：1240-1247.

[212] 辛章平，张银太.低碳经济与低碳城市[J].城市发展研究，2008（4）：98-102.

[213] 付允，汪云林，李丁.低碳城市的发展路径研究[J].科学对社会的影响，2008（2）：5-10.

[214] 李启明，欧晓星. 低碳建筑概念及其发展分析[J]. 建筑经济，2010（2）：41-43.

[215] 龙惟定，张改景，梁浩，等. 低碳建筑的评价指标初探[J]. 暖通空调，2010，40（3）：6-11.

[216] 陈一欣，曾辉. 我国低碳社区发展历史、特点与未来工作重点[J]. 生态学杂志，2023，42（8）：2003-2009.

[217] 李志英，陈江美. 低碳社区建设路径与策略[J]. 安徽农业科学，2010，38（21）：11516-11518.

[218] 辛章平，张银太. 低碳社区及其实践[J]. 城市问题，2008，No.159（10）：91-95.

[219] 国家发展改革委办公厅. 关于印发低碳社区试点建设指南的通知（发改办气候〔2015〕362号）[EB/OL].（2015-02-12）[2023-04-30].https://zfxxgk.ndrc.gov.cn/web/iteminfo.jsp?id=2137.

[220] 付琳，张东雨，杨秀. 低碳社区评价指标体系研究[J]. 环境保护，2019，47（15）：39-46.

[221] 纪晓岚，王世靓. 城市低碳社区建设的多元行动系统及其解释——基于理性行动理论的分析[J]. 湖湘论坛，2016，29（6）：93-98.

[222] 张军，赵世宽. 低碳社区的系统设计与社会创新实践策略研究[J]. 包装工程，2017，38（12）：27-31.

[223] 石龙宇，许通，高莉洁等. 可持续框架下的城市低碳社区[J]. 生态学报，2018，38（14）：5170-5177.

[224] 住房和城乡建设部. 住房和城乡建设部等部门关于印发绿色社区创建行动方案的通知[EB/OL].（2020-07-29）[2023-04-30].https://www.mohurd.gov.cn/gongkai/zhengce/zhengcefilelib/202007/20200729_246580.html.

[225] 赵黛青，张哺，蔡国田. 低碳建筑的发展路径研究[J]. 建筑经济，2010，No.328（2）：47-49.

[226] 叶祖达. 低碳绿色建筑从政策到经济成本效益分析[M]. 北京：中国建筑工业出版社，2013：146.

[227] 王崇杰，薛一冰. 节能减排与低碳建筑[J]. 工程力学，2010，27（S2）：

42-47.

[228] 沈满洪，王隆祥. 低碳建筑研究综述与展望 [J]. 建筑经济，2012，No.362（12）: 67-70.

[229] 邹晓周，曲菲. 绿色节能主义之低碳建筑 [J]. 建筑节能，2009，37（4）: 75-78.

[230] 龙惟定，张改景，梁浩，等. 低碳建筑的评价指标初探 [J]. 暖通空调，2010，40（3）: 6-11.

[231] 王俊，王有为，林海燕，等. 我国绿色低碳建筑技术应用研究进展 [J]. 建筑科学，2013，29（10）: 2-9，33.

[232] 中国政府网. 国民经济和社会发展第十二个五年规划纲要（全文）[EB/OL].（2011-03-16）[2023-04-30].http：//www.gov.cn/2011lh/content_1825838_7.htm.

[233] 祁神军,张云波. 建筑业与其它产业的碳排放关联特性和波及特性研究 [J]. 建筑科学，2012，28（12）: 85-89，107.

[234] 陈国谦等著. 建筑碳排放系统计量方法 [M]. 北京：新华出版社，2010.

[235] 张智慧，刘睿劢. 基于投入产出分析的建筑业碳排放核算 [J]. 清华大学学报（自然科学版），2013，53（1）: 53-57.

[236] 杜强，张诗青. 中国建筑业能源碳排放环境库兹涅茨曲线与影响脱钩因素分析 [J]. 生态经济，2015，31（12）: 59-62，69.

[237] 樊琳梓，李爽，裴志海. 中国建筑业优化升级对其碳排放影响的分阶段研究 [J]. 技术经济，2018，37（8）: 96-105.

[238] 王微，林剑艺，崔胜辉，等. 碳足迹分析方法研究综述 [J]. 环境科学与技术，2010，33（7）: 71-78.

[239] 尚春静，张智慧. 建筑生命周期碳排放核算 [J]. 工程管理学报，2010，24（1）: 7-12.

[240] 肖绪文，冯大阔. 我国推进绿色建造的意义与策略 [J]. 施工技术，2013，42（7）: 1-4.

[241] 王波，陈家任，廖方伟，等. 智能建造背景下建筑业绿色低碳转型的路径与政策 [J]. 科技导报，2023，41（5）: 60-68.

[242] 舒印彪，谢典，赵良，等.碳中和目标下我国再电气化研究[J].中国工程科学，2022，24（3）：195-204.

[243] 张平.中国经济绿色转型的路径、结构与治理[J].社会科学战线，2022，No.326（8）：69-81+281.

[244] 刘晓华，张涛，刘效辰，等.面向双碳目标的建筑能源系统再认识[J].力学学报，2023，55（3）：699-709.

[245] 郭朝先.2060年碳中和引致中国经济系统根本性变革[J].北京工业大学学报（社会科学版），2021，21（5）：64-77.

[246] 张时聪，王珂，杨芯岩等.建筑部门碳达峰碳中和排放控制目标研究[J].建筑科学，2021，37（8）：189-198.

[247] 国务院办公厅.中共中央 国务院关于完整准确全面贯彻新发展理念做好碳达峰碳中和工作的意见[EB/OL].（2021-10-24）[2023-04-30].http：//www.gov.cn/zhengce/2021-10/24/content_5644613.htm.

[248] 国务院办公厅.中共中央办公厅国务院办公厅印发《关于推动城乡建设绿色发展的意见》[EB/OL].（2021-10-21）[2023-04-30].http：//www.gov.cn/zhengce/2021-10/21/content_5644083.htm.

[249] 国务院办公厅.国务院关于印发2030年前碳达峰行动方案的通知[EB/OL].（2021-10-26）[2023-04-30].http：//www.gov.cn/zhengce/content/2021-10/26/content_5644984.htm.

[250] 住房和城乡建设部.住房和城乡建设部 国家发展改革委关于印发城乡建设领域碳达峰实施方案的通知[EB/OL].（2022-07-13）[2023-04-30].https：//www.mohurd.gov.cn/gongkai/zhengce/zhengcefilelib/202207/20220713_767161.html.

[251] 朱亚鹏.政策创新与政策扩散研究述评[J].武汉大学学报（哲学社会科学版），2010，63（4）：565-573.

[252] 北京市住房和城乡建设委员会，天津市住房和城乡建设委员会，河北省住房和城乡建设厅编者.京津冀超低能耗建筑发展报告[M].北京：中国建材工业出版社，2019.12.

[253] 董宏.近零能耗建筑热桥节点做法与数据[M].北京：中国建材工业出版

社，2021.04.

[254] 中国建筑材料联合会.中国建筑材料工业碳排放报告（2020年度）[J]. 建筑，2021（8）：21-23.

[255] 孙茹雁，（德）乌尔夫·赫斯特曼.节能建筑从欧洲到中国[M].南京：东南大学出版社，2011.

[256] 刘伊生.建筑节能技术与政策[M].北京：北京交通大学出版社，2015.

[257] 武涌，刘长滨，刘应宗，等.中国建筑节能管理制度创新研究[M].北京：中国建筑工业出版社，2007.

[258] 刘长滨.太阳能建筑应用的政策与市场运行模式[M].北京：中国建筑工业出版社，2007.

[259] 龙惟定，白玮，范蕊，等.低碳城市的区域建筑能源规划[M].北京：中国建筑工业出版社，2011.

[260] 中国建筑学会建筑师分会建筑技术委员会，山东建筑大学建筑城规学院.低碳城市与绿色建筑[M].北京：中国建筑工业出版社，2012.

[261] 侯红霞.低碳建筑 绿色城市的守望[M].天津：天津人民出版社，2012.

[262] 李惠民，童品品.中国建筑部门碳排放的区域差异及其碳中和路径选择[J]. 环境保护，2021，49（Z2）：23-29.

[263] 胡姗，张洋，燕达，等.中国建筑领域能耗与碳排放的界定与核算[J]. 建筑科学，2020，36（S2）：288-297.

[264] 任梦玉，罗晓予，葛坚.老旧小区改造的减碳潜力评估[J].建筑与文化，2022（9）：119-121.

[265] 黄建，罗淑湘，史军，等.低碳社区碳核算及减排路径研究[J].建筑技术，2019，50（8）：1018-1022.

[266] 刘晓龙，葛琴，姜玲玲，等.基于农村能源革命的生态文明建设典型范式和实施路径研究[J].中国工程科学，2019，21（5）：106-112.

后　记

　　选择建筑节能政策作为研究方向，是过去的工作经验与学业积淀两个因素相互作用的结果。现在写的《中国建筑节能政策体系及演进研究》这本书，就是朝着这个研究方向做的一次新尝试。在此书之前，已经有丰艳萍、刘伊生、宋琳琳、康艳兵、陈妍、何贝等学者写过建筑节能政策方面的专著，还有石锋、蔡伟光、杨杰、刘玉明、宋琳琳、丰艳萍、王洪波、韩丽红、白玮9位博士以建筑节能政策作为博士论文主题展开了研究。他们的成果都启发了我，并且也开阔了我的研究思路。

　　不同于之前编写的工程师气息浓厚的"建正工程师笔记丛书"，《中国建筑节能政策体系及演进研究》某种意义上是在做一个新的尝试，尝试去理解数学家华罗庚所提的"书背后的东西"。这次写作亦可视为一次文本对话的尝试。建筑节能方向的专家并不稀奇，但往往不像股评专家那么高调，反而非常谨言慎行。我斗胆把各家之言进行了回顾与串联，以建筑领域节能减排这一条主线，重新组织有重要贡献的关键文献，按各章节需要的视角进行归纳分析，尽己所能地比较各观点间差异以及逻辑关系，以期找到边界，找到因果关系，来描绘建筑节能政策整体图景。对于建筑这个伴随着人类文明史成长的古老行业来说，建筑节能是个年轻到近乎稚嫩的分支，它要从行业中的青涩角色走向成熟，其概念体系和理论模型就会在演进中被反复重构。这项工作并不容易，以至于要依赖于大量的前沿性实践来验证和推敲，才能实现概念和理论的进一步完善。

　　从事建筑节能技术工作的人员，常为建筑学、建筑电气与智能化、给水排水科学与工程或建筑物理（建筑技术科学）专业背景，大多属于工科范畴，在执行力上较有优势。如何让这个优势更有张力，并通过 EPC 总承包服务或者建筑节能管理服务将之向产业链的上下游横到边纵到底，从而由此提出符合建筑行业现状的建筑节能服务协同方案，或许是可以去挖掘和思考的。

节能建筑、绿色建筑在实践中做成怎样，并不存在唯一的方案。每个项目的负责人虽有政策引导，有标准限制，但依然会有自己的认识，或受制于技术约束，可能在某些方面有雷同，不过其出发点或者想法，总归是有差异的。单就建筑物的舒适度这个维度来讲，就集中了颇多的主客观冲突。大家都知道室外阳光刺眼，室内昏暗却又只能依靠灯具照明，但在这种人工或者半自然光下待的时间久了，是不太舒服的，而当傍晚窗帘被拉开的那一瞬间，看到窗外日暮西斜，一下子全天积累的紧绷都消失了。我们在夏热冬冷交替中度过一年四季，在感受到四季更迭的时候却偏偏是有些向往和愉悦的，打开窗户的那一刻，进来的不只是外面的风，一起进来的还有噪声、灰尘、细菌，以及我们与这个世界的连接。舒适和节能在一些条件下或许依旧存在不少对立，但已经并不是那么刻板的对立了。科技住宅宣扬的三恒、五恒乃至七恒系统，也可能不是什么最终的答案。

能够写出这本书，首先要感谢湘潭大学，在公共管理学院求学的经历让我拥有了动手写下这些文字的能力，没有这段经历就没有这本书。

同样要感谢浙江省住房和城乡建设厅、湖南省住房和城乡建设厅、温州市住房和城乡建设局、温州新墙办、温州设计集团与温州建正、温州市工业设计院有限公司给予的锻炼，得益于在项目上的经验积累，让我沉淀了足够的素材与专业理解。

感谢徐建业、万志美、邱舒婷、李上志、贾宏涛、张国亮、项浦、陈晨、金伟、刘欢、章忠义等同事与好友，与他们一起编著"建正工程师笔记丛书"的十五年里，让我积累了不少的写作经验，亦提升和丰富了个人的认知体系。

本书在撰写过程中，还得到了董宏教授、郭丽女士、高庆龙教授与谢玲娜女士的帮助,与他们的交流解决了我的很多疑惑,也充实了我的信心。也感谢李小波先生和高超博士、陈廷栋博士,经常陪我聊天,让我度过了写作卡壳时的烦闷,时不时地陪我推敲文字,让我不至于总在删除文字和恢复上一步之间反复内耗。

最后,感谢中国建筑学会建筑物理分会长期的学会活动让我受益匪浅,感谢中国建筑工业出版社的支持和吴宇江编辑一直以来的鼓舞,使本书得以顺利完篇并出版。

2023 年 5 月 1 日于湘潭大学